旅游管理专业实训教程系列

第二版

旅游饭店中西餐饮服务

主　　编：汪京强　蔡加珍
编写人员：汪京强　蔡加珍　夏震宇　李洪波
李荔娜　郑晋华　钟　真　林　东

福建人民出版社

《旅游管理专业实训教程系列》编辑委员会

总　　序

随着社会经济的发展，人类已进入知识经济、网络经济的时代，新的生产方式和价值观念改变着人类的生活、人类的思维和人类的本身。休闲和旅游将作为一种新的生活方式越来越成为人们生活中的重要组成部分。成为人类生活质量的标志之一。人类已从权贵旅游时代进入了大众旅游时代，正在走向休闲和度假旅游的时代。全球的旅游业得到了快速的发展。据世界旅游组织（WTO）预测，到2020年国际旅游者将达到16亿人次，他们每年的花费将超过2万亿美元，平均每天的旅游花费将为50亿美元。21世纪前20年，全球的旅游业还将以每年4%的速度增长。

20世纪90年代以来，我国的旅游业也得到了快速的发展，据世界旅游组织预测，到2020年我国将成为全球第一大旅游目的地和第四大旅游客源地。中国旅游业正经历着快速地成长，在未来的10年间，预计中国旅游及旅行需求总量将以每年10．4个百分点快速增长。世界旅游及旅行理事会（WTTC）总裁表示：中国将成为全世界从未有过的旅游经济大国。我国法定假日的调整和带薪假期制度的实施，也促进我国的旅游业将进入快速稳定的发展阶段。

旅游业的发展将需要越来越多高素质的实战型旅游管理专业人才，需要高校教育培养一大批具有创新精神的高素质的旅游服务和管理人才。

旅游管理专业是一门实践性较强的专业，近10多年来，随着我国旅游业的快速发展，我国的旅游教育也得到了很大的发展。很多高校开设了旅游管理专业。为旅游行业的快速发展提供了人力资源的保障。但长期以来国内旅游高等院校中一直缺乏一套与旅游管理专业人才培养模式相适应的实用型的实训教材。

令人欣喜的是，近日，由教育部高职高专国家级教学改革试点专业单位华侨大学旅游学院组织国内部分旅游院校的专业教师、旅游饭店和旅行社共同编写的一套全新体例的、以系统性、实战性为特色的旅游管理专业系列实训教程由福建人民出版社出版发行。该套教材首批共五本，包括：《旅游饭店前厅服务实训教程》、《旅游饭店客房服务实训教程》、《旅游饭店中西餐饮服务实训教程》、《导游服务实训教程》和《旅游服务礼仪实训教程》。基本涵盖了旅游管理专业的实践教学的部分。

翻开这套教材给人以耳目一新之感。除了该套系列教材具有其主编所述的体例新颖、可操作性强、贴近旅游行业的实际和文字简洁性外，我认为还体现了下列思想。

1．旅游服务的标准化和个性化相结合。虽然本套教程中实训项目大多是标准化、规范化的操作流程，但是，在实训项目之后还提出了一些针对个性化服务的说明。

2．培养能力与启迪思维相结合。本套教程不仅注重学生的能力培养，同时在每个实训项目后面列出了思考题，以启迪学生思维，培养学生发现问题、分析问题和解决问题的意识和能力。

3. 知识、技巧和能力相结合。实训项目中既体现了对学生的服务技能和技巧的训练，同时也注重知识结构的完善。在实训项目和章节之后及书后附录列出一些与实训项目相关的背景知识。

此外，该套系列教程创造了校企合作编写实训教材的新模式，更增加了该套教材的实用性。

当然，作为旅游专业的实训教材的编写在国内尚刚刚开始，不可避免地存在着一些问题，但仍不失为一套好的教材，其编写和出版，创造了实训教材编写的新体例，相信它的出版必将带动和促进我国旅游管理专业实训教材的建设和繁荣，促进旅游管理专业实践教学的发展。

马　勇

2008 年 7 月 15 日

（序者为湖北大学旅游发展研究院院长、教授，教育部工商管理学科教学指导委员会委员，旅游与酒店学科组组长。）

第二版说明

《旅游管理专业实训教程系列（第二版）》是在《高职高专旅游专业实训教程系列》的基础上修订、完善而成。

旅游管理专业是一门实践性较强的专业，为了满足高校旅游管理专业实训教学的需要，我们在长期教学实践的基础上，于2001年组织全国高校旅游管理专业相关的任课教师编写了一套《高职高专旅游专业实训教程系列》。该系列教材共计6本，分别是《旅游饭店前厅服务实训教程》、《旅游饭店客房服务实训教程》、《旅游饭店中西餐饮服务实训教程》、《酒吧管理与服务实训教程》、《导游服务实训教程》和《旅游服务礼仪实训教程》，于2002～2003年陆续出版。该套教材出版后深受各院校相关任课教师的好评，其中《旅游饭店客房服务实训教程》和《导游服务实训教程》被列入教育部“十一五”国家级规划教材。经过几年的使用，在吸收全国旅游院校相关任课教师的使用意见的基础上，我们于2008年着手对该套实训教材进行了修订、扩充和完善，丛书更名为《旅游管理专业实训教程系列》，本次共推出5本，即《旅游饭店前厅服务实训教程》、《旅游饭店客房服务实训教程》（教育部“十一五”国家级规划教材）、《旅游饭店中西餐饮服务实训教程》、《导游服务实训教程》（教育部“十一五”国家级规划教材）和《旅游服务礼仪实训教程》。以后，我们还将根据旅游管理专业学科发展和教学实践的需要，陆续推出其他科目的实训教程。

在本次修订工作中，我们遵循“科学性、系统性和实战性”的原则，根据旅游行业发展的实际对实训项目进行了调整，增加了部分内容，对有些不适合的内容进行删改，使之更贴近旅游行业实际。

由于水平有限，这次修订工作肯定还会有一些不足甚至失误的地方，希望广大读者一如既往地提出批评指正，以便今后进一步修改和完善。

黄安民

2009年7月

前　言

旅游专业是一门实践性较强的专业，近10多年来，随着我国旅游业的快速发展，我国的旅游院校也如雨后春笋般地出现。但是，自20世纪末我国开始新高职招生以来，一直缺乏一套与旅游高职专业人才培养模式相适应的实用性教材，现行的教材大多是本科教材的压缩本，不能体现以实战能力培养为重点的教学需要。

为此，我们在长期的教学实践的基础上，组织相关人员编写了这套全新体例的、以系统性、实用性为特色的高职高专旅游专业实训教程系列。

本套教材共六本，包括：《旅游饭店前厅服务实训教程》、《旅游饭店客房服务实训教程》、《旅游饭店中西餐饮服务实训教程》、《酒吧管理与服务实训教程》、《导游服务实训教程》和《旅游服务礼仪实训教程》。

本套教程主要具有以下特点：

1. 体例新颖。本套教程改变了传统的教材体例，以全新的体例出现，给人以耳目一新之感。本教程将旅游学科中的理论知识点分解为可操作的实训项目，每本教材的目录中在章节之下为实训项目，清晰简洁，体现了实训教程的特点。在每一个实训项目中，对实训项目的实训目的、实训要求、实训时间安排、实训准备、实训操作流程和实训的规范操作步骤等方面进行了详细的说明，在每一个实训项目中附有一份测试表，以巩固和检验学生的实训效果。

2. 可操作性强。本套实训教程在编写体例上体现实训教程的特点，力图将本套教程编写成为指导学生实践操作的训练指南。将学生在旅游服务中应掌握的知识和技能分解到各个实训项目中，每个实训项目的训练要准备哪些材料和工具；如何准备训练场地，或如何布局和设计训练场景；按什么步骤，什么标准来训练学生；要达到什么样的目的，如何检测训练的效果，如何组织和实施实训项目等等。使本套教程具有极强的可操作性。

3. 贴近旅游行业的实际。本套教程充分体现旅游行业的特性，密切联系旅游行业的操作实际，注重行业的操作规范。尽可能设计全真的训练环境。实训项目根据旅游行业的特性分为四种类型：

第一类是动手操作类。这类实训项目主要是要求学生掌握动作要领和操作的规范，如中西餐饮服务中的托盘技术、客房服务中的铺床技术、酒吧服务中的鸡尾酒制作技术等。

第二类是操作程序类。这类实训项目主要是要求学生掌握服务操作的程序，它们往往是第一类实训项目的组合，即第一类实训项目大多是这类实训项目的分解项目，如中西餐饮服务中的中餐宴会服务、西餐宴会服务，客房服务中的客房整理等。

第三类是表单操作类。这类实训项目主要是要求学生掌握各种表单填写的程序和方法。如前厅服务中的客人入住登记服务、客房的预订服务等。

第四类主要为应变类。这类实训主要要求学生在服务操作中根据不同的情况向不同的客人提供相应灵活的服务，以训练学生的应变能力和分析问题的能力。并主要通过场景设计、角色模拟达到实战演练的目的。

4. 文字简洁性。本套教程文字简练，书中没有过多的文字描述，主要以各种表格和流程图为主，说明实训操作的流程和操作步骤，与实训相关的理论知识都作为附件附在各相关章节之后，供教学及学生自学之用。

旅游专业实训教程的编写在国内尚属首次，其编写和出版，创造了实训教程编写的新体例，相信它的出版必将带动和促进我国高职高专旅游专业实训教材的建设和繁荣，促进旅游专业实践教学的发展。

本套实训教程由刘亚忠、史霄鸿创意策划，黄安民主编，部分高校的任课教师、旅游饭店及旅行社的部门经理参与了编写。在编写的过程中得到了福建人民出版社和华侨大学经济管理学院、华侨大学高等职业技术学院、华侨大学资产处等单位的大力支持，特别是得到了福建人民出版社刘亚忠、史霄鸿先生的理解、支持和帮助，在此表示衷心的感谢！

由于作者的知识水平有限，本套教程中必定存在不少的问题，有待在实践操作和使用过程中进一步地修改和完善，敬请使用者不吝指正。

黄安民
2002 年 8 月第一稿
2003 年 11 月第二稿于华侨大学秋中湖畔

目　录

第一章　餐饮服务概述

服务，《现代汉语词典》的释义是为了集体（或别人的）利益或为某种事业而工作。换言之，服务就是为别人办事，为别人工作。服务本身是一种光荣、责任和贡献，由于享受到他人各方面的服务，自己的生活、学习和工作才能更舒心惬意，生活内容才能更丰富多彩；同时，由于自己能为他人服务，并使他人满意，而使自己的生活更充实，由于尽到责任做出贡献，因而会感到愉快和自豪。

一般人谈到餐饮服务，总认为是“一种供应食物和饮料的动作和方式”，其实这只是其最狭义的定义。著名的营销学家科特勒曾将服务定义为：“服务是一项活动或一项利益，由一方向另一方提供本质无形的物权转变。服务的产生，可与某一实体产品有关，也可能无关。”由此可知，广义的餐饮服务并不仅局限于提供餐饮的纯熟技巧，用餐场所内外各项设施皆应包括在服务的范围内。构成进餐情境的因素包括：(1) 服务员的技能和态度；(2) 餐厅主要顾客的类型和水准；(3) 餐厅的地理位置与交通网络；(4) 内部的装潢与空间的布置；(5) 服务设图示（桌巾、器皿等）的齐全和摆设；(6) 景观的陪衬。高品质餐饮服务所要达成的目标，就是要维护并尽量加强上述六个因素。这样，有形的餐饮产品和无形的服务才能有效地配合，并建立“以合理的价位，提供高品质的享受；以亲切的态度，提供高水准的服务”的经营理念。

第一节　餐饮服务在饭店中的地位与任务

餐饮服务是饭店中重要的环节。它不仅满足了客人对餐饮产品和服务的需求，而且还为饭店在社会上树立良好的企业形象提供了一扇窗户，另外它还可为饭店创造较好的经济效益。本节着重叙述餐饮服务的地位及其相应的任务。

一、餐饮服务在饭店中的地位

餐饮在饭店中的地位，同社会的发展进步、饭店业的日新月异密切相关。饭店业发展初期的餐饮服务，受到社会经济发展和人们生活水平的限制，往往又提供一些简单、经济的饭菜，处于饭店中的从属地位，主要解决住店者对餐食的基本需求。进入 20 世纪，随着社会生产力的迅速发展，国际、国内各种交往的日益频繁，饭店业因城市的发展而得以迅猛发展。另外，伴随着世界经济的迅速增长，人们的生活水平得到了极大的提高，社会生活节奏加快，妇女就业增多，越来越多的人们去饭店、餐馆用餐，给餐饮业的繁荣与发展提供了条件。餐饮业内部的竞争也日趋激烈，饭店经营管理者竞相利用本身的餐饮服务、餐饮特色来吸引就餐者。所有这些因素促进了餐饮业的发展，使餐饮服务在饭店中的地位得以长足提高。

（一）餐饮服务满足人们基本生活需要的产品

民以食为天，饮食是维持生命的基本条件。西方著名心理学家马斯洛将饮食列为人类五个需求层次中最基本的需注。饭店作为旅游者离家以后的“家”，离开了餐饮服务就不能是一家健全的饭店。对相当部分的住店客人而言，饭店的餐饮场所是他们主要的膳食消费地点。另外，现代饭店不仅拥有众多的餐厅、宴会厅，还有酒吧、音乐茶座、KTV包房等餐饮设施，这些也为饭店所在地的人们提供了优美的餐饮消费环境。因此，拥有一个完善的、与饭店经营定位和客人消费要求相适应的餐饮服务，是搞好饭店经营的基本要求。

（二）餐饮服务是饭店收入的重要组成部分

餐饮服务是饭店获得经济收益的重要部门之一。餐饮服务的收入在饭店总收入中所占的比重虽然因地、因饭店状况而异，但就目前国内而言，餐饮的营业收入约占饭店营业额的三分之一左右，在南方沿海发达地区的饭店，餐饮收入已大大超过饭店的客房收入，占整个饭店营业额的二分之一以上，这一势头仍有继续发展的趋势。即使从部门赢利来讲，虽然餐饮服务的成本开支大，其赢利仍可占到饭店利润总额的10%～20%左右，对于一家年利润上千万元的饭店来讲，这个比例就相当可观了。

（三）餐饮服务水平直接影响饭店声誉

美国饭店业的先驱斯塔特勒曾经说过：“饭店从根本上说，只销售一样东西，那就是服务。”饭店的目标应是向宾客提供最佳服务，而饭店经营的根本宗旨也是为了使宾客得到舒适和便利。

餐饮服务水平的高低，仅仅是种表象，是宾客能够直接感受和体会到的，而决定服务水平高低背后的因素则是饭店餐饮管理水平的好坏。管理水平的好坏，制约了服务水平的高低。饭店餐厅的服务人员，与宾客直接接触，其一举一动，片言只语，均会在宾客心目中留下深刻的印象。宾客可以根据为他们提供的服务态度及方式来判断一个饭店服务质量的优劣和管理水平的高低。所以，餐饮管理与服务水平的好坏，直接关系到饭店的声誉和形象。

（四）餐饮服务的经营活动是饭店营销活动的重要组成部分

在日趋激烈的饭店市场竞争中，餐饮占有极其重要的地位，一直充当饭店营销的先锋。相对于饭店的其他营业部门来说，餐饮在竞争中更具有灵活性、多变性和可塑性。现代饭店，如果是同星级的，它们的客房设施标准相对比较接近，而餐饮和其他服务设施常被客人作为挑选饭店的重要因素。超群的餐饮经营，必然会对饭店客房及其他综合服务设施的销售产生良好的影响。上海锦江集团所属的饭店，大部分是解放之前建造的，虽经过更新改造，但在硬件方面与同星级的新建饭店相比，总存在一定的不足，但锦江人扬长避短，发挥自己经营时间悠久，具有众多特色的优势，使所属每家饭店在餐饮上独树一帜，如：和平饭店的淮扬菜，国际饭店的京鲁菜，金门大酒店的闽菜等，成为同行瞻目的领头羊。餐饮业经营的红火，又反过来促进了饭店其他部门的生意。

除此之外，饭店餐饮服务还可根据自身的优势和环境的状况，举办各种食品节、餐饮推广活动、义卖活动等，树立饭店的市场形象，增加饭店的餐饮收入。

二、餐饮服务的任务

饭店餐饮主要承担着向宾客提供优质菜肴、饮料、点心和优良服务的重任，并通过满足用餐者的各种需求，为饭店创造更多营业收入。

1. 为宾客提供以菜肴等为主要代表的有形产品

这是餐饮服务的最基本的任务，也是首要任务，各种档次、各种风格的饭店，都应依据自己的市场定位和经营策略，组织餐饮部提供满足客人所需的优质餐饮服务。

2. 向宾客提供满足需要的、恰到好处的服务

餐饮服务是饭店唯一生产、提供实物产品的环节，但这些实物产品最终的商品实现还取决于饭店餐饮服务人员向就餐者提供令人满意的服务。在用餐过程中，客人更多注意的是烹饪技艺、服务态度与技巧、用餐的环境气氛等无形产品。就餐者在购买餐饮产品的同时，更期望得到与有形产品同时销售的服务，并期望获得方便、周到、舒适、友好、愉快等精神方面的享受。

这种服务和精神享受必须是恰如其分和恰到好处的，唯有如此服务与享受才是有效的。恰到好处的服务首先应该是及时的，其次是具有针对性的，再次必须是洞察客人心理的。

3. 增收节支，开源节流，搞好餐饮经营管理

增加利润是饭店餐饮服务的主要目标。餐饮服务应依据饭店所在地的市场变化情况以及饭店本身的状况，设定经营范围、服务项目和产品品种，充分利用各种节日、会议、重大活动等进行推销，来提高餐饮销售量，以达到增加餐饮收入的目标。

现代饭店的餐饮收入虽占整个饭店营业收入的二分之一多，但餐饮成本所占的比重却相当高。在一家三星级饭店中，其餐饮原料成本占到50%左右。另一方面，餐饮产品从原料到成品经历的环节较多，成本控制的难度较大，从而造成的浪费和损失较多。这需要餐饮部制定出严密、完整的操作程序和成本控制措施，并加以监督、执行。

4. 为饭店树立良好的社会形象

餐饮服务与客人的接触面广且又是直接接触，面对面服务时间长，从而给宾客留下的印象最深，并直接影响客人对整个饭店的评价。

从餐饮角度为饭店树立良好的社会形象，必须加强餐饮服务形象建设。而形象的建设，主要通过硬件和软件建设两个方面体现出来。餐饮的硬件建设首先要从餐饮设施的功能着手，各类餐厅、宴会厅、酒吧及餐饮与娱乐相结合的设施，是否齐全；其次是这些设施的档次高低、先进水平如何；再者是这些硬件设施的风格与整个饭店的经营目标是否一致、符合。餐饮服务的软件质量主要体现在管理水平、服务质量和员工的素质等方面。

第二节 饭店餐饮部的组织机构与职能

一、餐饮部的组织机构

由于饭店的规模大小不一，设备、设施的状况不同，各饭店餐饮部的组织机构也不尽相同。一般来说，餐饮部是由采购、厨房、餐厅、宴会厅和管事等五部分组成。从餐饮部人员

构成来看，分为管理人员、采购与保管人员、厨师和服务人员。

健全的餐饮部组织机构是做好饮食服务工作的基本前提。餐饮部全体员工的分工合作、密切配合、协调一致是正常开展经营活动，不断提高服务质量和经济效益的关键。

通常旅游饭店餐饮部组织机构如图1－1所示。

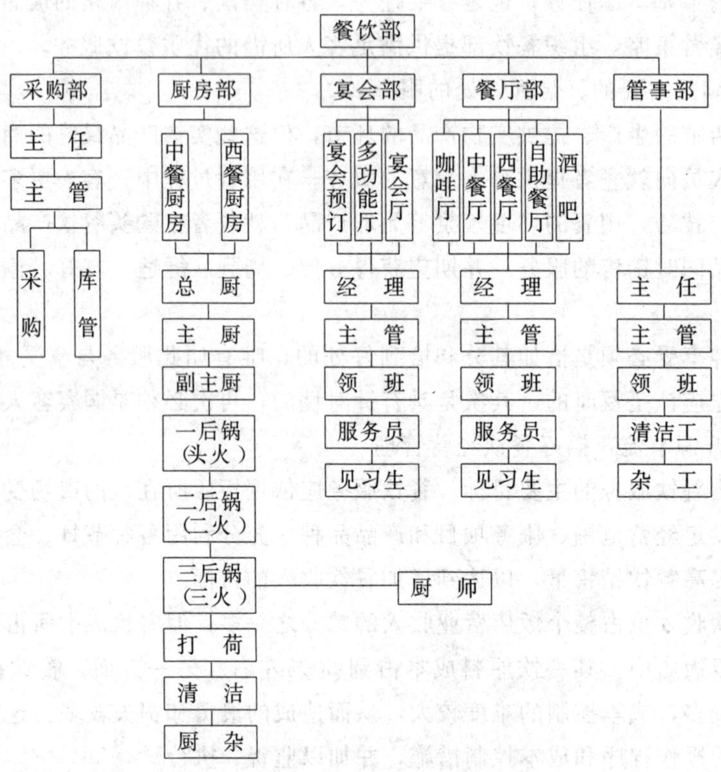

图1－1 旅游饭店餐饮部组织机构图

二、餐饮部各部门的主要职责

（1）采购部：根据本饭店饮食经营的品种与特色，及时了解和掌握市场信息与行情变化，适时、适量、适度、适价地为餐饮部组织货源，并采购饮料、食品原料及其他物品。采购后要分类入库，妥善保管，及时发放，保证餐饮部的正常经营。

（2）厨房部：承担本饭店中、西式菜点的烹调、加工与制作，满足不同宾客的饮食需要，保持和发扬餐饮部的经营特色，并在此基础上开发新产品，不断提高饭店声誉。

（3）宴会部：接受宾客的预订，承办各种类型的宴会、酒会、茶话会及招待会，并根据主办单位与宾客的要求及宴会的规格标准，提供完整的宴会服务。

（4）餐厅部：直接向宾客销售食品、饮料和提供良好的服务，取得合理的经济收入。

（5）管事部：主要负责厨房、餐厅、咖啡厅、酒吧等处的环境卫生，承担餐具、用具、器皿的洗涤、消毒与保管，及时将用过的各种布件送交洗涤部门进行洗涤。

第三节 餐饮部的岗位设置及岗位职责

一、旅游饭店餐饮部的岗位设置

旅游饭店餐饮部的岗位设置一般如图 1－2 所示。

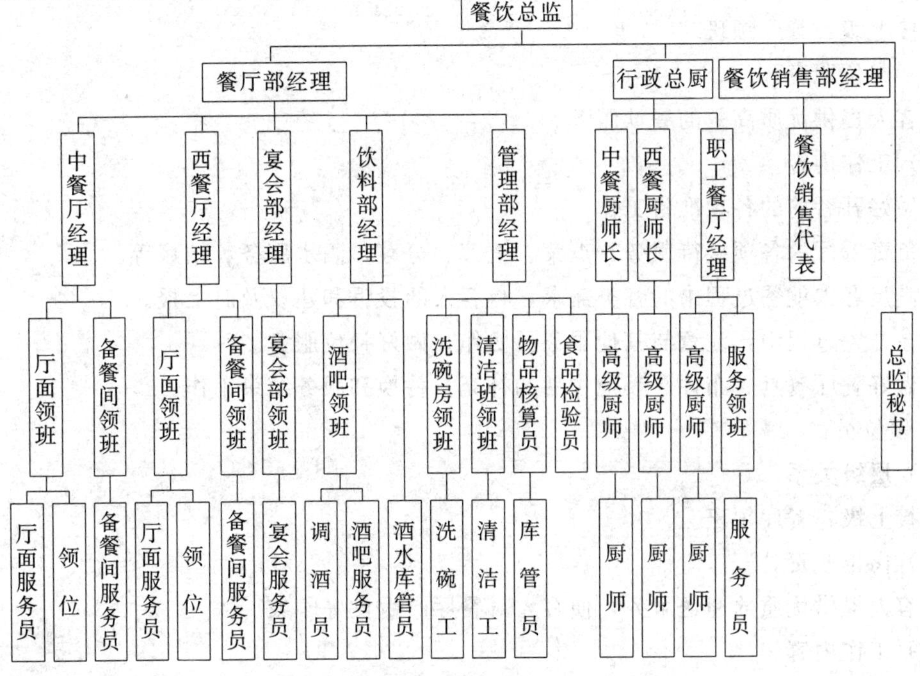

图 1－2 餐饮部岗位设置图

二、餐饮部部分岗位职责

1. 餐厅领班

(1) 层级关系。

直接上级：餐厅经理；直接下级：迎送员、服务员。

(2) 岗位职责。

督导本厅员工向客人提供优质高效的餐饮服务。

(3) 工作内容。

①按质、按量、按时完成上级下达的工作任务。

②检查本厅面员工仪容、仪表及出勤状况。

③布置任务，进行分工，做好各项准备工作。

④熟悉菜单、酒水牌，熟悉当天“厨师长推荐”及供应的品种，与备餐间协调合作。

⑤搞好现场培训，并带领员工严格按服务规程进行接待服务。

⑥掌握客人就餐情况，做好补位服务，尽量记住客人姓名及特殊要求或习惯，同宾客建立良好关系。

⑦处理一般投诉，及时解决问题，并将情况向上级报告，不断积累经验。

⑧及时落实每天清洁工作，保持餐厅整洁卫生。

⑨餐厅营业时间结束后，检查窗、门、水龙头、照明系统、空调开关、音响等是否关闭，做好节能和安全工作。

⑩每月对本班组员工进行绩效评估，向经理提出奖惩建议。

2. 餐厅服务员

(1) 层级关系。

直接上级：餐厅领班。

(2) 岗位职责。

向客人提供优质高效的餐饮服务。

(3) 工作内容。

①做好开餐前的各项准备工作。

②负责餐厅的各项接待服务：点菜、上菜、分菜、酒水服务、结账等。

③满足客人就餐过程中的各类需求，将客人的投诉和建议及时上报。

④在开餐过程中，注意与其他服务员协作，做好补位服务。

⑤做好餐厅餐具、布件、其他物品的补充、替换和服务结束工作。

3. 领位员

(1) 层级关系。

直接上级：餐厅领班。

(2) 岗位职责。

向客人提供优质的迎送服务，使客人对餐厅产生良好印象。

(3) 工作内容。

①在餐厅门口迎接和欢送客人，引领客人到合适的餐位，送上菜单。

②接受客人订座，做好记录并通知餐厅准备接待。

③做好宾客衣帽间服务工作，妥善保管客人的物品。

④熟悉酒店的设施和项目，回答客人的询问。

⑤负责保管菜牌、酒水牌，派送报纸并清洁和编摆台号。

⑥按营业需要，负责订花和摆放、保养工作。

4. 宴会部经理

(1) 层级关系。

直接上级：餐厅部经理；直接下级：宴会部领班。

(2) 岗位职责。

全面管理宴会部的接待工作，确保为客人提供优质的宴会服务、完成每月营业指标。

(3) 工作内容。

①每日参加餐饮部的例会，并在开餐前召开班前会、布置任务，完成上传下达。

②制定本部门各项规章制度并督导实施。

③安排班次，督导宴会部领班的日常工作，确保宴会部各业务顺利进行。

④全面负责宴会的计划、实施步骤，处理各种问题和客人投诉。

⑤负责宴会厅与厨房的衔接工作。

⑥负责与其他部门的沟通、协调、合作。

⑦负责宴会的人事安排，绩效评估并实施奖惩。

⑧督导实施宴会部员工的培训，保证员工的工作态度和能力达到岗位的要求。

⑨全面负责宴会部硬件设备的清洁、维护、保养、更新。

⑩适时将宴会部的经营状况和特殊事件向餐厅部经理汇报。

5. 宴会部领班

（1）层级关系。

直接上级：宴会部经理；直接下级：宴会部服务员。

（2）岗位职责。

督导本班服务员，优质高效地完成各项餐饮服务。

（3）工作内容。

①检查服务员的仪表仪容及出勤情况。

②了解每日宴会安排状况并向本班传达、布置任务，进行分工。

③带领和指挥服务员做好开餐前各项准备工作并进行检查。

④开餐前督导本班组员工为客人提供高质量的餐饮服务，确保各岗位严格执行工作程序与标准。

⑤全面控制本服务区域的客人用餐情况，及时解决出现的问题，处理客人投诉。

⑥本班工作结束后，与下一班做好交接工作。

⑦宴会结束后，做好收尾工作，并负责结账工作。

⑧负责本服务区域内设备的维护、保养、清洁。

⑨定期对本组员工进行绩效评估，向宴会部经理提出奖惩建议，组织实施本组员工的培训。

6. 宴会部服务员

（1）层级关系。

直接上级：宴会部领班。

（2）岗位职责。

为客人提供高质量的餐饮服务。

（3）工作内容。

①服从领班安排，按照工作程序与标准做好开餐前的各项准备工作。

②开餐时，按服务程序与标准为客人提供优质的餐饮服务。

③关注老、幼、病、残等特殊客人，提供优质的餐饮服务。

④尽量帮助客人解决就餐过程中的各类问题，必要时，将客人的问题和投诉及时汇报给领班，寻求解决方法。

⑤本班工作结束后，与下一班做好交接工作。

⑥宴会结束后做好收尾工作。

⑦完成上级指派的各项工作。

第四节 餐饮服务业务流程

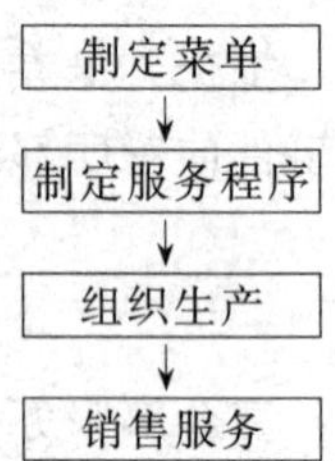

1. 制定菜单

菜单是饭店包含产品销售的品种和价格的一览表，也是整个餐饮服务的纲领。餐饮部原料的采购、菜肴的烹调制作以及服务工作都要以菜单为依据。

菜单是饭店饮食产品经营特色和标准的重要标志，是沟通饭店与宾客之间的桥梁，宾客根据菜单选购自己所需要的饮食品种和数量。提供宾客喜爱的菜单，可以刺激消费，扩大菜肴销售，增加营业收入。

菜单又是精美的艺术品和宣传品。一份精心设计制作的菜单，可以使宾客对本店美味佳肴留下深刻的印象，客人带回去的菜单是最好的宣传广告。

菜单的制定是餐饮部经营的一项重要决策，是餐饮部工作的第一个基本作业程序。

2. 以菜单为纲制定服务程序

以菜单为依据，制定岗位工作规范和服务程序，使整个餐饮部内部相互配合、相互协调，保证营销活动正常进行。

3. 组织厨房生产，对厨房实行业务管理

厨房是餐饮食品的生产场所，是餐厅进行接待服务的基础，餐饮服务质量在很大程度上取决于厨房的工作质量。

4. 销售服务是餐饮工作的最后一项基本作业

通过产品销售以为宾客服务，同时获得营业收入。销售服务是餐饮工作的最后一项基本作业。

第五节 餐饮服务应具备的基本素质和能力

一、餐饮服务人员的基本素质

1. 餐饮服务人员仪表

餐饮服务人员的仪表直接影响着客人对餐厅的感受。服务人员整洁、卫生、规范化的仪表能烘托服务气氛，使客人心情舒畅。如果服务人员衣冠不整，满身油污，必将给客人留下一个不好的印象。因此，服务人员的仪表对餐饮服务是非常重要的。下面是对餐饮服务人员仪表的基本要求：

（1）头发：要将头发梳理整齐，保持干净，必要时需要戴帽，不要仿效流行式发型。男子要定期理发，适当使用发油，发油以香味较少者为宜。

（2）面部：女子面部化妆要清淡，口红淡薄，不要浓妆艳抹。应保持朴素优雅的外表，给人以自然美感。香水气味容易破坏食品的美味和室内的气氛，所以，不允许使用香水。男子胡须每日必刮。

（3）手和指甲：指甲要经常修剪、清洁，服务前应将手洗干净。女子除涂无色指甲油外，不得使用其他化妆品。

（4）戒指和手表：手指和手腕为客人最注意的地方。戒指、手表及时髦的首饰不宜佩戴，结婚戒指除外。

（5）衬衫与领带：衬衫要烫平，特别是注意领子、袖口及衣扣，不能有皱纹、破损，颜色最好是白色。不要让汗水渗出上衣。汗衫、衬衫应每天换洗。领带整洁、挺括。

（6）制服：工作时要穿统一整齐的制服。裤子要显出裤线，一般要求穿黑色长裤。围巾、帽子要保持良好，不能有皱纹、破损。

（7）鞋袜：袜子要每天更换，要经常擦皮鞋以保持光亮。袜子与鞋以黑色为宜，不宜使用指定以外的颜色。

（8）口腔：吃葱、蒜等带有强烈气味的食物后，应立即漱口，并将牙齿剔干净，保持呼吸没有异味。

2．餐饮服务人员行为举止

餐饮服务过程中，服务人员任何一个微小的动作都会对客人产生影响。所以，服务人员行为举止的规范化是餐饮服务的基本要求。

（1）头脑灵活，反应敏捷，记忆准确，有丰富的餐厅知识。

（2）眼睛要经常留意客人的表情，注意客人的手势。

（3）手脚举止要配合适当、适时。动作要求规范，不要显得僵硬或忙乱。

（4）要以沉着而冷静的心情去为客人服务。

（5）讲话要有礼貌，声音清晰，高低适中，发音正确而标准。

（6）和蔼诚恳，笑态自然，善解人意，使人感到亲切、愉快。

（7）站姿端正，潇洒大方，轻松自如。举止要端庄，不做作。

（8）工作时要有良好的习惯，不允许有吃喝、吸烟、嚼口香糖等行为。

3．餐饮服务人员工作态度

服务人员如果缺乏工作兴趣或工作态度不好，会使就餐场面无序或出现尴尬情形，以至伤害顾客感情。因此，服务人员一方面不要妄自菲薄，视自己的工作如差役奴仆一般，另一方面也不要无所谓，马虎大意，而应牢牢树立起职业意识。

服务人员养成热爱工作和生活的态度，可以从中享受到人生的乐趣。服务人员友好、愉快、礼貌、热情、灵活的服务，反映了他们与人交往的水平，展示了服务员的精神面貌和道德水准，这也是餐厅服务人员必备的素质。一个热情友好、充满活力的服务人员，以乐于助人的态度去接待顾客，会赢得顾客的尊敬和喜爱。

友善的服务态度，表现在以下几方面：

(1) 应快速为赶时间的客人提供服务。

(2) 当客人感到寂寞孤独时，可作一些亲切的交谈或提供报纸，这样可调节顾客情绪，从而使他们觉得就餐环境很惬意。

(3) 顾客不懂菜单时，应向他们作适当介绍，并乐于回答顾客提出的问题。

(4) 顾客举行庆祝宴会时，推荐或提供可增加喜庆气氛的菜肴和酒类。

(5) 客人手头不宽裕时（通过观察），可建议客人点盒菜和经济菜。客人获得满意的餐饮后，定会再次光临。

(6) 假如客人在节食，要建议客人用合适的菜肴，并提供热量较少的饮食。

(7) 根据情况也可提供额外的服务，如提供吸烟等。

(8) 可适时提供食品信息和符合顾客用餐习惯的服务。

(9) 尽量记住客人的姓名、座位、喜欢的食品以及工作单位等情况。

(10) 为儿童提供高椅、围巾。

(11) 放好窗帘，使顾客感到舒服，把音乐的音量放低，尽量避免让客人坐在音响下。

(12) 帮助客人把食品包装好，尽量满足顾客提出的合理要求。

(13) 服务迅速、敏捷、准确。

(14) 任何时候都保持良好的态度。

服务人员提供第一流的服务是建立在真正乐意为客人服务的态度基础上的。礼貌是使顾客满意的前提。对大多数到餐厅用餐的客人来说，或者是为了某种喜庆，或是款待朋友，或是为享受高雅的服务。服务人员礼貌、细致、热情的服务，会在很大程度上满足客人的各种要求欲望，使顾客感到像在家里一样，甚至觉得在这里更能满足自己，顾客来就餐就有一种归属感。绝不能给顾客一种排外、欺外的错觉。服务人员的推销建议无论是在点菜、饮料还是价格等方面，都应使顾客觉得是在真正帮助他们，适当时候要对他们的服饰给予赞赏，对问题的看法给予认可等。总之，要投以热情的目光，让顾客有一种认同感。餐厅提供的菜肴是上等的，服务是第一流的，顾客自然会产生一种荣耀感。这样，他不仅自己会再次光顾餐厅，而且也会自豪地告诉他的亲朋好友。这也是餐饮服务需要达到的效果和目的。

二、餐饮服务人员的基本技能

餐饮服务人员充当着餐厅主人的角色，除具备良好的道德修养外，还要有一定的技能。

1. 餐饮服务人员的基本交际能力

餐饮服务人员首先应具备交际能力。交际是通过听、说、写和体态语言来进行的，只有具备一定的交际能力，才能给客人提供满意的服务。

(1) 听的方面必须做到：

把握顾客的观点，注意顾客说的内容，集中注意力，不要走神，听完后重复顾客的话，检查是否准确无误。

眼光的交流，有助于集中听客人说话，并表示在仔细听客人所说的话。

不应让其他人打扰，应离近一些，或者要求对方说话声音略高一些。

(2) 说的方面必须做到：

友好：生动活泼，给人以和蔼、亲切的印象，使客人感到你的友善。

真诚：真诚的声音表示你对客人的关心和尊重，不应有不适当的表情。

清楚：声音必须清晰，显出友好的态度。

愉快：愉快时说话的声音也容易听清。

表达力：变化声音来表达你想说的意思，使客人易于理解。

（3）写：

写是服务员应具备的基本能力之一，包括书写顾客订、点的菜肴，填写账单以及销售计算等基本的算术技巧。

（4）体态语言交流：

微笑、点头、眼神交流、姿态等身体语言都有助于增强你的表述能力。使用身体语言要使对方感到舒服、自然、优雅而有诚意。

2. 餐饮服务人员的基本接待

“顾客永远是正确的”，这是餐饮服务的法宝。顾客对菜肴和饮料提出的任何抱怨都要毫不迟疑地给予解决，并向顾客道歉。顾客提出的正当要求应尽量满足，绝对不能与顾客争吵。如果发现问题不能处理，应把情况报请领班处理，或由领班报告经理。假如顾客要与服务人员纠缠，尤其是牵扯到不应该谈论的问题时，服务人员可以微笑表示歉意，并迅速离开来摆脱这种场面。

服务员对所服务的顾客要根据情况区别对待，应尽快了解自己的顾客并提供相应的服务。一个优秀的服务员应能通过观察、分析来掌握顾客心理及妥善处理各种场合的待人方法，使顾客满意。

（1）匆忙的顾客：对于赶时间的顾客，首先应在顾客愿意的情况下，介绍他们到附近的快餐馆用餐。如果没有快餐馆，要向顾客简明扼要地介绍他们所点的菜需要等候的时间，并介绍一些现成食品。服务时要迅速提供饮料和色拉，并把甜点和主菜同时上。如有可能应建议客人点可携带的食品，提供尽可能快的服务。

（2）犹豫不决的顾客：可以给这类顾客提出建议，但不要催促他们，如果顾客在点菜时花的时间太长并自责时不要有生气的表情，不要致使顾客感到因点菜耽误时间而内疚。

（3）节食的顾客：服务人员要了解每道菜的成分、用料和准备方法，并了解哪些菜是不适合于节食的。应根据餐厅制度给这些顾客介绍合适的替代菜。

（4）“噪音”顾客：这类顾客会在餐厅故意制造噪音以至影响到其他顾客。服务员在安排座位时，应尽可能让“噪音”顾客与其他客人分开。如果噪音变成问题，应报告领班和经理来劝阻。

（5）生气的顾客：对生气的顾客应表现出重视所提的事，并试图给予帮助，待客人冷静后，再关心地询问一些问题。如果食品饮料溅洒了，不要去找顾客的原因，而应用服务毛巾擦净桌子，以干净餐巾遮住脏的地方，撤换被溅脏的用具。如溅到地上，用椅子盖住脏的地方，并为客人换一个餐桌，必要时通知领班或经理。

（6）抱怨的顾客：如果顾客所点的菜不在菜单上，应客气道歉并向顾客介绍与此类似的菜。如果客人对主菜的生熟有挑剔，应毫不犹豫地换掉，不要有烦恼、生气的表情，而应仔细听取顾客的抱怨，并把不能解决的问题向经理或有关人员汇报。

（7）无理取闹的顾客：服务员要礼貌并有尊严地对待这些顾客，要尽可能不予理睬，尽量避免卷入，或尽量自然地对待这些顾客。除提供必要的服务外，避免离桌太近。如果有人行为不检点，应向经理报告，而避免争吵。

（8）中毒的顾客：如果出现顾客中毒，要马上报告领班和经理，不要去挪动顾客的饮料和药品等。

（9）小孩顾客：孩子是可爱的小顾客，但也可能是最大的难题。为使孩子高兴，服务人员要做很多工作：安排他在远离通道的座位上，提供高椅；移开孩子能触摸到的危险品；不要和孩子玩耍或嬉笑；在给孩子上菜以前，请示其父母是否需要小甜饼等以使孩子高兴。在父母没有要求的情况下，不要问孩子需要什么。给孩子上菜的分量应符合餐厅的要求。用餐中要多提供几张餐巾，餐后提供用来擦手的热湿布巾。

（10）老年顾客：老年人最适合在餐厅的非噪音区的位置就座，但不要把老年人同其他顾客离开。帮助老年人选择适合他们营养要求的菜品。如果顾客对所点的菜的分量提出要求，服务员可与厨师商量好，以使老年顾客满意。记住老年人不宜食用太多的甜食。

（11）盲人顾客：让盲人顾客扶住你的左臂并引导入座，不要碰他的手杖。拿走餐桌上不必要的零乱物，调味品要靠近客人。向顾客解释菜单并说明其价格，询问顾客所喜欢的食品，说话时要用愉快的声音和正常的速度。服务时向客人说明放在桌上的菜肴名称。交递账单时，要大声报出每一道菜的价格和总的花费。

（12）伤残顾客：很多伤残顾客需要一些特殊的帮助。移动椅子让轮椅靠近餐桌，是最迅速最好的帮助，然后把顾客的手杖放在椅子的背后。

（13）患病顾客：如果顾客在进餐时病倒，应立即报告经理，通知医务人员帮助，并提醒顾客的同伴，给予必要的帮助，如果顾客摔倒或失去知觉，不要去移动他，如果顾客醒来，尽量使其保持清醒，等待医生到来。

顾客的类型多种多样，远不止上面已提到的，但作为餐厅服务人员，应能采取不同的方式，提供真诚的服务，达到同一个目的——使客人满意。

人们的文化习俗、家庭传统、受教育情况、社会地位以及对食品和饮料的选择，甚至人们对某种菜肴的依赖程度也会影响到对食品的挑选。所以对餐厅来说，可能的话要建立顾客档案卡。只有这样，才能做到在最短时间内了解自已的顾客，预测到顾客的要求和动机及对食品和饮料的嗜好，并且提供令其满意的服务。

3. 餐厅服务人员的基本推销意识

每个优秀的服务人员，都是餐厅的推销员，餐厅生意兴旺与失败跟他们的推销技术有很大关系。只有机智灵活的服务人员才能不失时机地进行推销。

推销不仅是销售食品和饮料，而且是向顾客销售全部感受，包括环境、食品、饮料和特殊项目。如果顾客离开餐厅时一切满意并期望再来，服务人员的服务就算是成功的。销售是服务人员工作的中心，销售行为包括展示自已和推销菜肴。服务人员通过展示自已礼貌、热情、友好的态度，使顾客从进入餐厅时起就有良好的印象。

初到餐馆的顾客对菜肴不熟悉，其中有些顾客点菜时会犹豫不定，这时就会受到邻桌、展示台、操作台上菜肴的影响。这种情况在餐馆经常出现。服务员这时给客人提供帮助、建议，就会显得十分必要。这种建议方式会使客人感到你是在真诚地帮助他。

点菜建议往往在客人点菜时提出。服务员通过对菜单中菜肴的描述来提高顾客的兴趣，以增加点菜。餐厅服务员有推销顾客没有点到的菜的义务。这种建议应是自然的，并使对方感到满意而没有任何强迫性。

推销菜肴尽管有“优惠”、“折扣”等各种方法，但作为餐厅服务员，首先要从了解顾客开始来向顾客建议点菜。

疲倦的顾客：建议点炖菜类食品。

节食的顾客：建议点高营养低脂肪的蔬菜如色拉类食品，或者用新鲜水果代替含糖的糕点，用烤肉、煮鱼来代替油炸鱼。

从事重体力劳动的顾客：建议点肉类、土豆和肉汁类菜。

价格是一些顾客考虑的因素。对于讲究经济实惠的顾客，可以建议点汤、三明治、面条、色拉、热糕点或鸡蛋等。

建议点各道主菜的伴菜，也是推销食品的一种形式。下面举一些主菜及其伴菜的例子：

三明治：可用汤或色拉相伴。

汉堡包：可用油炸食品或软饮料相伴。

甜菜：可用牛奶或咖啡相伴。

主菜：可用蔬菜或色拉作伴菜。

牛排：可用蘑菇或炸洋葱圈相伴。

实心面：可用蒜泥或色拉相伴。

在推销菜肴时，直接推荐要比简单提问易得答复。比如：晚餐我们有热咖啡、热菜、牛奶，您需要哪种？当客人点甜点时，应问：“请问你需要哪一种点心？冻粒，还是糕点？”客人在举行宴会时，点龙虾或是烤牛肉，可建议点白或红葡萄酒，以渲染庆祝气氛。佳肴的推荐，会使客人心满意足（当然，有时客人也会慷慨地支付小费）。

推销建议还有另一层意思，即建议顾客点菜单中价格高的食品和饮料。当客人事先没有声明其价格或量的大小时，都应从“大”的开始建议。

一个好的服务员，应能用适当的形容词来描述食品的色、香、味、形。

服务人员还应了解主要客源地的历史文化、地理环境、风土人情、饮食习惯等知识。只有这样，才容易在服务中找到共同语言，使客人感受到你的真诚。

4. 餐饮服务人员的基本服务技能

这些技能包括熟练应用餐厅服务设备和用具、分菜技能、烹调的基本知识等，餐饮服务人员只有掌握基本的服务技能，才能从事服务工作，否则对客服务就是空谈。

第二章　餐饮服务基本技能实训

通过本章的学习，学生应该了解餐饮服务的功能与特点，掌握餐饮服务的基本技能。要通过不断训练，提高托盘、折花、摆台、上菜、分菜、斟酒等最基本的技能，同时，既要讲究动作、程序的规范，又要注意这些技能在不同场合的灵活运用。

中餐服务过程分为餐前准备、开餐服务、就餐服务、餐后清理工作等几个阶段，应掌握各自的工作内容、工作先后顺序、工作中的注意事项，并注意各个服务阶段的衔接及各个岗位服务员的密切配合。在学习西餐的基本常识和各种服务方式时，可以结合中西文化的对比，理解西餐服务与中餐服务的区别，以及存在这些区别的深层次原因，提高自己的服务意识及灵活处理问题的能力。随着客人消费观念和方式的变化，只有掌握正确的理念，才能以不变应万变。

宴会是餐饮文化的综合表现形式，当今社会生活中已经离不开宴会。要注意做好中西餐宴会及各种酒会的准备工作、迎宾工作、就餐服务和结束收尾等工作，使整个宴会活动有条不紊地进行。宴会的举办还可以提高管理人员的组织能力和指挥能力，最终可以提高企业形象和商誉，增强企业的竞争实力。

本章实训项目安排表

节　次	实训项目	实训内容	学时数
第一节 托盘实训	实训项目一	轻托（腰托）	1
	实训项目二	重托（肩托）	1
	实训项目三	端盘（徒手低托）	1
第二节 铺台布实训	实训项目四	中餐铺台布	1
第三节 餐巾折花实训	实训项目五	餐巾折花	2
第四节 中西餐饮摆台	实训项目六	中餐席位安排	1
	实训项目七	中餐零点摆台	2
	实训项目八	中餐宴会摆台	3
	实训项目九	西餐席位安排	1
	实训项目十	欧陆式早餐摆台	1
	实训项目十一	西餐午餐摆台	1
	实训项目十二	西餐宴会摆台	3

续表

节　次	实 训 项 目	实 训 内 容	学时数
第五节 斟倒酒水实训	实训项目十三	斟倒饮料	1
	实训项目十四	斟倒啤酒	1
	实训项目十五	斟倒红葡萄酒	1
	实训项目十六	斟倒白葡萄酒	1
	实训项目十七	斟倒香槟酒	1
本章实训学时合计			23

第一节　托盘实训

托盘是餐厅服务中最基本的服务技能之一，是餐厅服务员必须掌握的一门技术。服务中无论摆台、走菜和给客人递送物品都必须使用托盘。这样做既卫生、安全、减轻劳动强度，提高服务工作效率，也体现文明、礼貌的职业服务风范。因此，正确地使用托盘有助于规范服务动作，提高餐厅服务水平。托盘可分为轻托（腰托）、重托（肩托）和端盘（徒手低托）。作为餐饮服务技能的基础，这项技能看起来很简单，其实不易，要做得好，全靠平时勤学苦练。

托盘有木制品、金属制品、塑胶制品和瓷制品，其规格分大、中、小方盘和大、中、小圆盘六种，不同规格的托盘有不同的用途：

1. 大、中托盘用于装递茶点、酒水和盆碟等较重物品。
2. 小托盘一般用于沏茶、斟酒、端送咖啡等。
3. 此外还有一种小银盘，专门用于给客人送账单、收款和递送信件等。

实训项目一：轻托（腰托）

轻托，就是托送较轻的物品或进行派菜、斟酒，重量一般在2.5千克以下，因重量较轻，所以叫轻托。又因托盘在腰带上方一点，也谓之腰托。轻托用途较广，且经常在客人面前操作，其熟练程度、优雅程度和准确程度显得特别重要，这往往是客人评价一个饭店餐饮服务水平高低的标志之一。

一、实训安排

实训项目	轻托
实训时间	1学时
实训目的	使学员掌握轻托的动作要领

续表

实训要求	(1) 姿势端庄，行动自如 (2) 稳定安全，清洁卫生 (3) 摆放有序，动作规范 (4) 切忌双手端盘及手指拿盘
实训方法	(1) 示范讲解 (2) 学员每 8 人一组，在操作室或户外的大场地按“8”字形托盘路线进行操作练习 (3) 可按 4 瓶走一次、1 瓶走 3 次、3 瓶走 2 次、2 瓶走 4 次、4 瓶走 3 次的程序进行

二、实训准备

圆托盘若干（直径 35～40 厘米），装满水的啤酒瓶、矿泉水瓶、易拉罐、白酒瓶若干，记时秒表一只。

三、实训操作流程

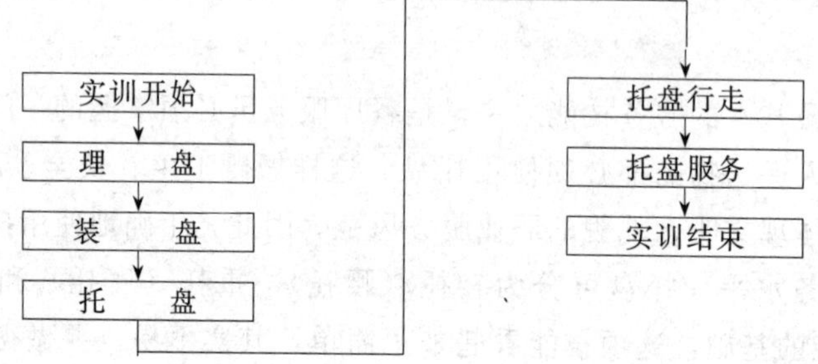

四、实训操作规范

步　骤	主 要 操 作 内 容
准　备	(1) 准备实训器具，所有酒瓶、饮料瓶均装满水，以达到仿真状态 (2) 练习站立、行走
理　盘	把所需用的盘子选择好，用水洗净擦干。然后在盘内垫上干净的茶巾或专用的盘布，铺平，四边与盘底齐，防止盘内物品滑动，并做到整洁美观
装　盘	根据物品的形状、体积大小和派用的先后进行合理装盘。一般重物、高物在里档靠身的一边，轻物、低物在外档；后派后拿下的物品放在里档，先派先拿的放在外档，轻的放在上面。重量分布要均匀，这样才能做到安全稳妥和便于递送。有数瓶酒或茶杯同时装盘时，要注意互相靠拢，避免摇动，托盘的重心在中间或稍偏里
托　盘	轻托要用左手托盘
托盘行走	上身挺直，略向前倾，视线开阔，动作敏捷，精力集中，步伐稳健。持空托盘行走时应保持托物时的基本姿势，也可以将托盘握于手中，夹在手臂与身体一侧
托盘服务	保持托盘重心与身体重心的平稳，头正、肩平、面带微笑，侧身为客人服务

五、服务要点

服务要点	规　范　动　作	原　因
理　盘	对托盘进行清洁，盘布打湿拧干，用双手铺平拉挺	保证托盘有足够的摩擦力

续表

服务要点	规 范 动 作	原 因
装　盘	用双手进行可使动作快捷，物品之间不要过于分散。并排摆放，横竖成行，这样装盘即安全稳定，又便于操作	这样装盘既安全稳定，又便于操作
托　盘	（1）左手五指分开，置于圆托盘下部，位于托盘中心偏前3厘米处，掌心悬空，靠五指与掌根的二点，使七点成一平面 （2）左大臂保持自然下垂，左小臂弯曲90度与大臂形成直角弯曲状 （3）托盘横托在胸前，略低于胸部且托盘在腰部皮带上方一点 （4）托盘时要用手指和掌根掌握托盘的平衡，使重心始终落在掌心或掌心靠身体里侧	以五指和掌根支撑托盘可最大限度地维持托盘的平衡，保持灵敏的手感
托盘行走	（1）头正肩平，眼视前方，脚步轻捷。手腕要轻松灵活，使托盘在胸前，随着走路的节奏摆动 （2）掌握重心，转向灵活自如 （3）右手自然摆动 （4）常步：即是使用平掌行进的步伐，要步距均匀，快慢适宜 （5）快步：快步的步幅应稍大，步速应稍快，但不能跑，以免泼洒菜肴，或影响菜形。主要是端送需要热吃的菜肴，因上菜慢了就会影响菜肴的风味 （6）碎步：碎步就是使用较小的步幅，以较快的步速行进。主要适用端汤，因这种步伐可以保持上身平稳，避免汤汁溢出 （7）垫步：垫步即是一只脚在前，一只脚在后，前脚进一步，后脚跟一步的行进步伐。此种步伐，一是在穿行狭窄的过道时使用；二是在行进中突然遇到障碍时或靠近席桌需减速时使用 （8）跑楼步伐：跑楼步伐是走菜服务员端托上楼时所使用的一种特殊步伐。其要求是：身体向前弯曲，重心前倾，一步紧跟一步，不可上一步停一下	不同行走步伐中也有不同的托盘动作要求，这是依人体运动的规律而定的。通过不同的动作要求来适应各种行进步伐，可以更好地保证托盘所端物品的稳定性
托盘服务	（1）左手托盘注意平衡 （2）右手取物件 （3）服务要侧身，盘悬于客位之外，身体重心在右脚，左脚可略微抬起，双脚呈丁字形 （4）某些场合和某些物件，可用托盘直接递于客人自取 （5）重心不稳或盘中物件减少，要随时用右手进行调整	托盘取物时，要随时注意因盘中物品数量变动而产生的托盘重心变化，因而也要随时调整托盘支撑点

六、服务过程中容易出现的问题及解决途径

易出现的问题		解 决 途 径
理　盘	（1）托盘没有清洁 （2）盘布没有拧干	做好托盘准备工作。检查托盘是否清洁，盘布是否拧干铺好
装　盘	（1）装载无序 （2）装载过量，失去平衡	在培训中通过不同的装载方式，让学员亲身体验错误方式对轻托效果造成的影响，从而更加理解正确有序的装盘方法

续表

	易出现的问题	解 决 途 径
托　盘	(1) 心理怯重，怕打翻 (2) 用大拇指按住盘边，四指托住盘底	让学员在培训中体验各种不同托盘手法，了解正确托盘手势对稳定托盘的重要性
托盘行走	(1) 手腕僵硬死板，盘中洒水，汤汁外溢 (2) 托盘上下幅度过大，影响美观，待客不礼貌	训练时汤汁从少到多逐量增加，同时也可慢慢增强学员信心
托盘服务	(1) 在客人面前，两脚弯曲，略微下蹲 (2) 没有侧身待客服务 (3) 将托盘放在客人的餐台上，当着客人的面操作 (4) 托盘在客人的眼前晃动 (5) 托盘在客人头顶上晃动或经过 (6) 托盘重心向身后倾斜	通过不同组别交叉训练，其他小组从旁观看的教学方式，使学员从顾客角度理解正确动作的重要性

七、考核测试

轻托实训考评表

组别：＿＿＿＿＿＿　姓名：＿＿＿＿＿＿　得分：＿＿＿＿＿＿

项　　目	分　　数	扣　　分
理　　盘	10	
装　　盘	10	
托　　盘	20	
托盘行走	20	
托盘服务	20	
总体印象	10	
时　　间	10	

注：1. 托 4 瓶啤酒（720 毫升/瓶）和 1 瓶矿泉水（500 毫升）行走或服务。

2. 托盘时不打翻，不落地，否则计为 0 分。

考核时间：　　　年　　月　　日　　　　　　考评师（签名）：＿＿＿＿＿＿

八、讨论题

1. 不同规格的托盘有怎样不同的用途？
2. 为什么要在盘内垫上干净的茶巾或专用的盘布？
3. 装盘时物品的摆放顺序和原则是什么？
4. 轻托的手势是怎样的？
5. 轻托上楼时的步伐要求是什么？

实训项目二：重托（肩托）

重托，主要是托载较重、较多的茶点、酒水和盆碟，重量一般在 5 千克以上。由于托在肩上，也称肩托。重托的托盘须用质地坚固的材料（如塑胶或木制品）制成的长方形盘。西餐的上菜与派菜，多用重托。此种方法的目的有三：一是易于运送较重的东西。二是托在肩部在运送过程中容易被客人看到，避免碰撞等事故发生，同时，又能起到吸引视线，激发客人的联想，调解情趣之效。三是西餐宴会的就餐人数较为集中，派菜与切配有时使用同一托盘，而同种菜点需同时分派给客人，避免主客冷场。

一、实训安排

实训项目	重托
实训时间	1 学时
实训目的	使学员掌握重托的动作要领
实训要求	(1) 姿势端庄，行动自如 (2) 稳定安全，清洁卫生 (3) 摆放有序，动作规范 (4) 托盘可用右手进行扶助
实训方法	(1) 示范讲解 (2) 学员每 8 人一组在操作室或户外的场地走 S 形路线练习

二、实训准备

长方形托盘若干，装满水的啤酒瓶、矿泉水瓶、空盘碟（略有损坏的，已报损物品亦可）若干。

三、实训操作流程

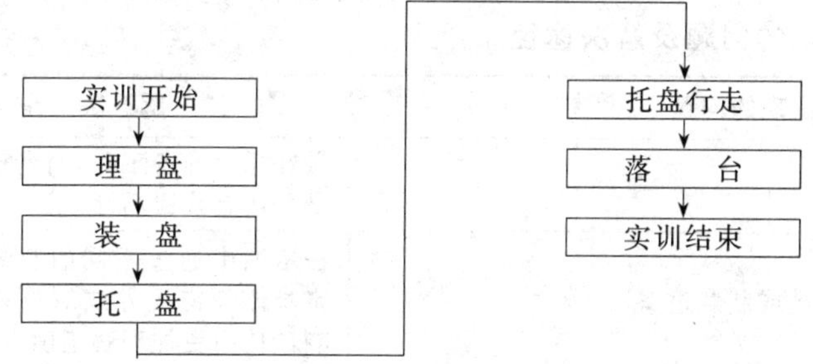

四、实训操作规范

步　骤	主 要 操 作 内 容
准　备	(1) 准备实训器具，所有空瓶及空盘碟盛装水和物品到位 (2) 练习站立行走
理　盘	由于重托的盘经常与菜汤接触，易沾油腻，所以使用前要特别注意擦洗干净
装　盘	重托装盘常常要重叠摆放，其叠放方法是：上边的菜盘要平均搁在下边两盘、三盘或四盘的盘沿上。叠放形状一般为金字塔形。如托五盘需叠放的菜时，底层可摆四盘，在四盘中间搁一盘；如是六个大鱼盘，可叠成三层，底层摆三盘，中层搁二盘，上层搁一盘，以此类推。装盘时要冷热食物分开装，咖啡壶与茶壶的嘴应朝盘中央，以免溅出。装在壶内不可太满，最多空八分满
托　盘	要平稳，保证托盘不晃动，身体不摇摆
托盘行走	保持盘平、肩平身直、上身不歪扭，行走自如步不乱
落　台	重托上台必须先放在落菜台上或其他空桌上，再徒手端送菜盘上台

五、服务要点

服务要点	规范动作	原因
理　盘	用双手整理托盘	加快速度
装　盘	用双手把物品、菜点、酒水放入盘中	
托　盘	(1) 起托时，先用双手将盘子一头移至搁台外，用右手拿住托盘一头，左手伸开五指（垫上垫布防止打滑），用手托住盘底，双腿下蹲成骑马蹲裆式，腰向左前弯曲，左手臂随即弯曲成轻托姿势，等左手掌选好托盘重心后，用右手协助左手向上用力将盘慢慢托起 (2) 托起后，托盘应悬空擎托于左肩外上方。盘底约离肩2厘米。右手扶住托盘的前内角，或不扶盘面随时准备排档他人的碰撞。重托也可用右手，根据个人习惯决定 (3) 起托、后转、攀托和放盘这几个环节都要掌握好重心以保持平衡，不使汤汁外溢或翻盘。要盘平、肩平、两眼看前方 (4) 攀托盘要稳，不晃动，不摇摆，让别人看了有稳重、踏实的感觉	正确的起托方法能保证托盘平衡和稳定
托盘行走	同轻托	同轻托
落　台	首先要站稳双腿，腰部挺直双膝弯曲，手腕移动，手臂移动，呈轻托状后，再将托盘放于服务台上	动作有序，保证稳定

六、服务过程中容易出现的问题及解决途径

易出现的问题		解决途径
理　盘	托盘没有清洁	做好托盘准备工作，检查托盘是否清洁，是否还有残留汤汁
装　盘	装载无序、零乱或装载过量	在培训中通过不同的装载方式，让学员亲身体验错误方式对重托效果造成的影响，从而更加理解正确有序的装盘方法
托　盘	(1) 心理怕重，怕打翻 (2) 用力过猛而扭伤腰肌 (3) 右手没有扶住托盘 (4) 攀托不稳 (5) 上身不平	让学员在培训中体验各种不同托盘手法，了解正确托盘手势对稳定托盘的重要性。训练时装载物品从少到多逐量增加，同时也慢慢增强学员信心
托盘行走	同轻托	同轻托
落　台	从托举状态的大托盘中拿取物品	通过示范和学员亲身体验，来了解错误动作造成的严重后果。此时托盘上最好放置耐摔物品

七、考核测试

重托实训考评表

组别：________　姓名：________　得分：________

项　目	分　数	扣　分
理　盘	10	

续表

项　目	分　数	扣　分
装　盘	10	
托　盘	20	
托盘行走	20	
落　台	20	
总体印象	10	
时　间	10	

注：1. 托一箱啤酒（12 瓶装，500 毫升/瓶）。

2. 托盘时不打翻，不落地，否则计为 0 分。

考核时间：　　　年　　月　　日　　　　考评师（签名）：________

八、讨论题

1. 重托的目的是什么？
2. 重托使用何种托盘？
3. 重托起托时的腰身和步伐要求有哪些？
4. 重托和轻托有哪些不同？

实训项目三：端盘（徒手低托）

端盘，也称为徒手低托。此法主要用于西餐上菜和撤盘。一般均用左手单手端盘。端时上下臂成 90 度角，右手用于做其他工作。西餐撤盘时，右手主要用于聚剩菜。由于徒手抵托是在客人面前完成，具有表演性，要求技艺高，难度大。目前，中餐主要用于自助餐服务，向客人展示菜品的精致，以刺激客人的购买欲。

一、实训安排

实训项目	端盘
实训时间	1 学时
实训目的	使学员掌握端盘的动作要领
实训要求	(1) 巧妙运用指力、腕力和臂力 (2) 徒手端盘
实训方法	(1) 示范讲解 (2) 学员每 8 人一组在操作室或户外的场地走 S 形路线练习

二、实训准备

西式大盘若干，西餐刀、西餐叉若干。

三、实训操作流程

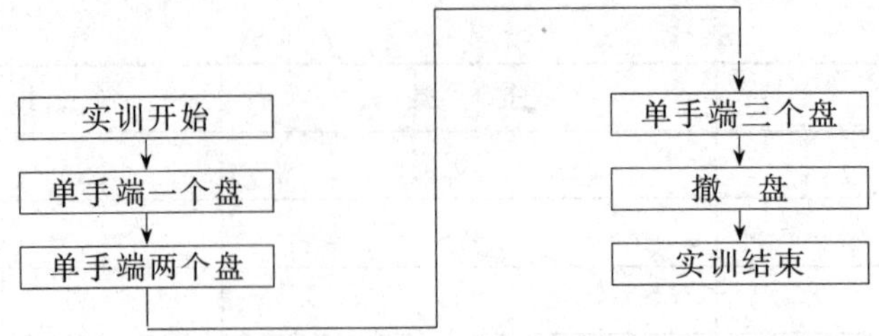

四、实训操作规范

项　　目	主要操作内容
准　备	(1) 健手操：两臂伸直，双手握拳，分开再握拳50次 (2) 复习轻托与重托要点 (3) 徒手端盘时，要求服务人员上身要挺直，两臂要放松，一般均用左手单手端盘（端时上下臂成90度角），右手腾出做其他工作（如在行走时随时排除前方障碍等）
单手端一个盘	食指、中指、无名指托盘底边棱，拇指翘起压稳盘边，以正常速度前进，至桌前保持盘平稳，双手朝桌上轻放，如端鱼盘（椭圆形盘），应端短直径的一边，方法与上相同
单手端两个盘	先用食指勾托盘底，拇指翘起压稳盘边，端起第一盘。然后再用无名指和小指托住第二盘，使其平稳
单手端三个盘	左手食指和拇指自然平伸，将第一盘的边沿插入左手虎口（盘子的重心落在虎口以外），盘底边棱横搭在食指上，拇指压住第二盘的盘边，并将第二盘边沿紧靠掌心。最后，用中指托住第三盘，用第二盘的边沿下部及食指根部压住第三盘的盘边。这样，即可使三只盘子均稳妥牢靠
撤　盘	西餐进餐结束后，应向前近右脚，从宾客右侧完成撤盘动作

五、服务要点

服务要点	规范动作	原　因
单手端一个盘	用拇指和掌根鼓起部位压住盘边。为防止留下指纹，指头要向外翻。其余手指贴在盘子下面，起支撑盘子的作用	
单手端两个盘	第一个盘子用食指、中指和无名指支撑，拇指和小指贴在盘子的边上	
单手端三个盘	(1) 用左手拇指轻轻压住第一个盘子的边，用食指支撑盘底的凸出部分。其他三个手指自然松弛 (2) 第二个盘子在第一个盘子下面，插在拇指底部鼓起的部位，食指轻轻贴着盘子，中指、无名指和小指支撑在盘底 (3) 端第三个盘子时，把放在第二个盘子下面的小指提到盘子上面，使其处于放松状态 (4) 为使第三个盘子不致倾斜，保持平衡，应托住盘底	
撤　盘	进餐结束后撤盘时，应从宾客右侧进行。动作要小心谨慎，别把刀叉弄掉 (1) 用左手的食指、中指、无名指托住第一个盘子的盘底，拇指与小指要贴着盘边。刀柄放在左手的右侧，用叉子将剩菜聚到盘前，把叉子交叉地放在刀上面 (2) 第二个盘子放在搭臂毛巾的手腕上，盘子用拇指和小指托住，餐刀并列摆在第一个盘子中的餐刀的旁边。如果盘子里有剩菜，用叉子将剩菜聚到一个盘子里 (3) 第三个盘子放在第二个盘子上，接下来的顺序如上所述	将剩菜和餐具放在最上面，才能保证交叠的众多盘子的稳定性。如果剩菜留在盘中进行交叠，盘子易因汤汁而滑落

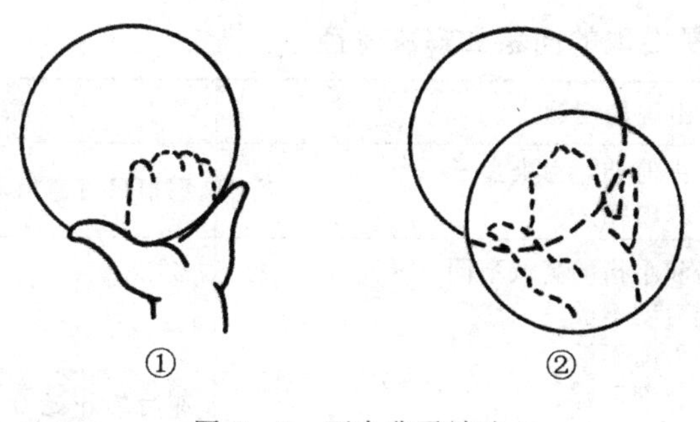

图 2－1　两个盆子端法

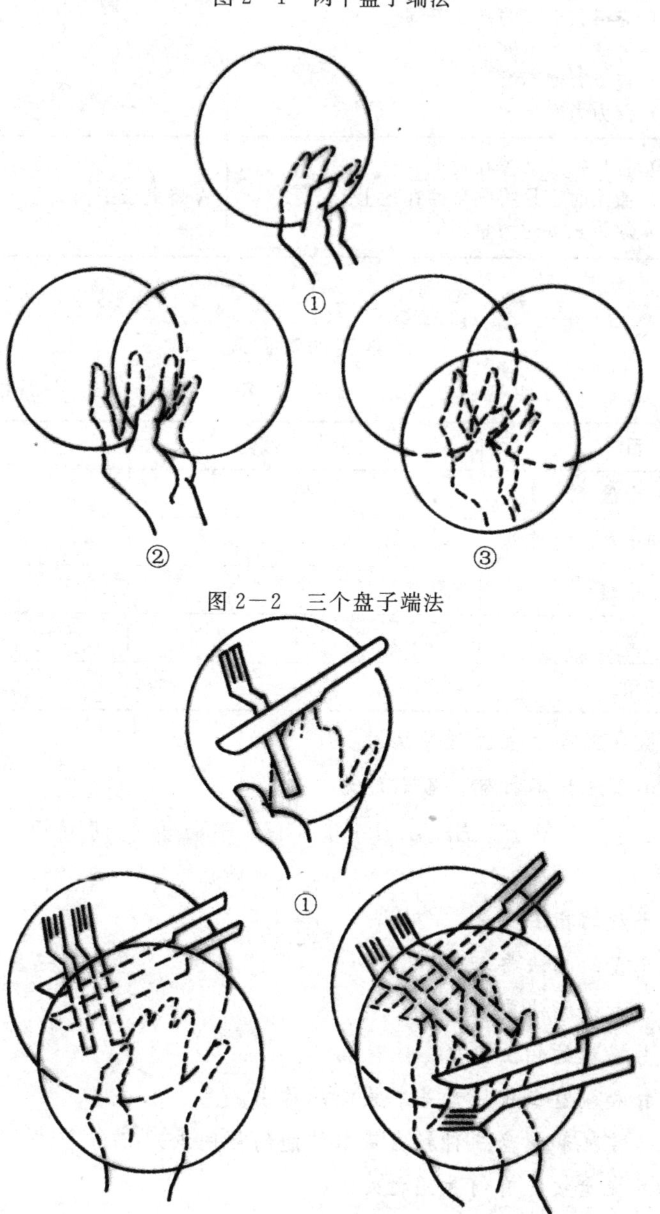

图 2－2　三个盘子端法

图 2－3　撤盘

六、服务过程中容易出现的问题及解决途径

<table>
<tr><th colspan="2">易出现的问题</th><th>解　决　途　径</th></tr>
<tr><td>单手端一个盘</td><td>（1）大拇指前伸，污染盘子
（2）大拇指内扣</td><td>手指只可碰触盘子边沿</td></tr>
<tr><td>单手端两个盘</td><td>（1）拇指和小指的高低不同
（2）手臂力度不够
（3）腕力力度不够
（4）指力力度不够</td><td rowspan="2">通过静止站立从少到多端盘练习，来训练臂力、腕力和指力</td></tr>
<tr><td>单手端三个盘</td><td>（1）拇指和小指的高低不同
（2）手臂力度不够
（3）腕力力度不够
（4）指力力度不够</td></tr>
<tr><td>撤盘</td><td>（1）容易把刀叉掉在地上
（2）撤菜时容易将剩菜掉在地上
（3）放第三盘时力量不够</td><td>保持盘子平衡</td></tr>
</table>

七、考核测试

端盘实训考评表

组别：________　姓名：________　得分：________

项　　目	分　　数	扣　　分
单手端一个盘	20	
单手端两个盘	20	
单手端三个盘	20	
撤　　盘	20	
总体印象	20	

注：1. 模拟撤盘服务过程进行考核。

2. 餐具不落地，不打翻，否则计为0分。

考核时间：　　　　年　　月　　日　　　　　　　　考评师（签名）：________

八、讨论题

1. 单手端一个盘的指法要求。
2. 单手端二个盘的指法要求。
3. 单手端三个盘的指法要求。
4. 以端盘手势撤盘的指法要求。
5. 轻托、重托和端盘三种托盘基本技能的作用。
6. 说说轻托、重托和端盘三种托盘基本技能的异同点。
7. 讨论中西式托盘技能有何异同之处。

第二节　铺台布实训

铺台布是每个服务员要掌握的最基本的服务技能之一。铺台布的作用是卫生、美观且便于服务。铺台布的效果直接影响着餐厅的整体环境布置。由于中西餐饮服务中餐台的台形不一，应根据餐桌的大小选择合适的台布。

常用台布尺寸有：

180 厘米×180 厘米，可供 4～6 人餐台使用。

220 厘米×220 厘米，可供 8～10 人餐台使用。

240 厘米×240 厘米，可供 10～12 人餐台使用。

260 厘米×260 厘米，可供 14～16 人餐台使用。

280 厘米×280 厘米，可供 14～16 人餐台使用。

在零点餐厅使用的台布较多是 180 厘米×180 厘米的正方形台布和 220 厘米×220 厘米正方形台布，宴会厅里则以准备一些 240 厘米×240 厘米的台布较为理想。餐桌在铺台布前应铺台垫（衬布），这样会显得台布平整，并避免餐具滑动。

实训项目四：中餐铺台布

由于中餐宴会一般使用圆桌，因此其铺台布的方式比较特别，铺台布时服务员应站在主人位进行。中餐铺台布的常用方法有两种：中式撒网式、中式推拉式。

案例：某宴会上，服务员将菜肴一一端出送到各桌的转盘上。有一桌客人转动转盘要夹菜，结果转盘转动后发生位置偏移，将桌上许多酒杯撞倒，刚斟满的酒水饮料洒了一桌，甚至流到了客人衣服上。这桌客人纷纷慌忙站起躲避，为欢庆的气氛染上了一丝不愉快。宴会的主办者十分生气，向酒店管理层进行投诉，要求马上解决。餐厅的主管马上赶到，安抚此桌客人，安排服务员尽快更换桌布和餐具。在查看现场之后，主管发现是因为负责铺台的服务员在给此桌铺台布时，没有将台布中心与桌面中心对齐，在最后放置转轴和转盘时受错误的台布中心影响，不但放到桌面上的位置是歪的，转轴与转盘亦没有中心对齐。摆台的服务员也没有发现这个错误。因此当转盘转动时，就会产生较大的偏移，将靠近转盘的餐具撞到。

分析：铺台布看似简单，但它关系整个台面包括餐具的位置正确和安全。错误的铺台，会影响摆台的正确性，破坏台面餐具摆放的位置和美感，从而影响服务效果。铺台时要认真检查台布是否整洁，铺好的台布是否中心正确并且四边均匀对齐。

一、实训安排

实训项目	中餐铺台布
实训时间	1 学时

续表

实训目的	使学员掌握中餐铺台布的方法和动作要领
实训要求	(1) 台布中凸缝向上，统一朝向 (2) 台布平整清洁，四边下垂均匀 (3) 台布四边平齐于餐椅的座面 (4) 铺台布的动作连贯敏捷、轻巧，一次完成
实训方法	讲解与示范相结合，学员操作练习

二、实训准备

台布（220 厘米×220 厘米）、餐桌、转盘若干。

三、实训操作流程

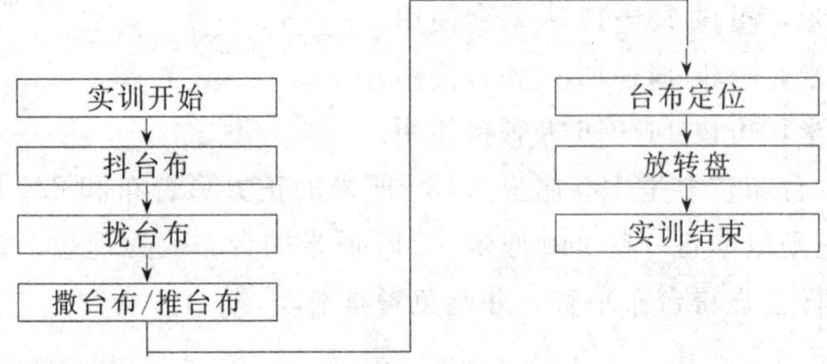

四、实训操作规范

（一）撒网式

步　骤	主 要 操 作 内 容
抖台布	服务员站立于餐台主人位置将台布纵向打开、撒出。以双手将台布逐渐向两侧拉开
拢台布	收拢台布，双手拇指和食指捏握好台布近身一侧的边角，其余手指将台布收拢于身前。右臂微抬
撒台布	身体微微左转，当腰部向右扭动，身体恢复正面站立姿势时，手臂随身体转动向前侧方挥动，双手除捏握台布边角的拇指和食指外的其余手指迅速松开，使台布向前铺撒出去
台布定位	在台布逐渐下落时，拇指和食指捏握台布近身侧的边角，调整好台布最后的落定位置，使台布四角垂落均匀
放转盘	台布铺好后，在大圆餐台的中心位置摆放好转盘及餐台装饰物

（二）推拉式

步　骤	主 要 操 作 内 容
抖台布	服务员站立于餐台主人位置，将台布纵向打开，撒出，以双手手指将台布逐渐向身体部位拉近，并分层次收起抓好
拢台布	双手略轻放于台面，靠拢
推台布	拇指与食指捏住台布边角，其余手指将台布呈放射状沿台面推出，放开时双手移动射线约成 80 度角，力度要适宜
拉台布	当另一边刚过台时，双手轻稳地将台布拉正即可
放转盘	台布铺好后在大圆台的中心位置放好转轴，再把转盘放在转轴正中

五、服务要点

（一）撒网式

服务要点	规 范 动 作	原 因
抖台布	（1）正身站于主人位 （2）双手将台布向餐位两侧拉开	
拢台布	（1）双手拇指和食指捏握台布 （2）收拢于身前 （3）右臂微抬	
撒台布	（1）腰向右扭 （2）手臂随转动向侧方摆动 （3）双手除捏握台布边角的拇指和食指，其他手指松开	
台布定位	（1）台布下落时，拇指和食指捏住台布边角 （2）调整台布落定的位置中	
放转盘	把转盘放在转轴上，转轴处在台布正中心，用手测试一下转盘是否旋转正常	

（二）推拉式

服务要点	规 范 动 作	原 因
抖台布	（1）正身站于主人位 （2）双手将台布向餐位两侧拉开	
拢台布	（1）双手拇指和食指捏握台布 （2）收拢于身前	
推台布	（1）身体正对桌子 （2）拇指与食指捏边 （3）其余手指将台布呈放射状沿台面推出，放开时双手移动射线约成80度角，力度要适宜	
台布定位	当另一边刚过台时，双手轻稳地将台布拉正即可	
放转盘	把转盘放在转轴上，转轴处在台布正中心，用手测试一下转盘是否旋转正常	

六、服务过程中容易出现的问题及解决途径

（一）撒网式

易出现的问题		解 决 途 径
抖台布	动作过小，没有抖开	要有适当力度
拢台布	右手过于平	注意右手高度
撒台布	撒台布时高度过低，台布扔到了桌面上	撒台布时要向桌面上方撒开
台布定位	回拉速度过快，将台布中心拉过桌面中心	缓缓回拉即可。不要拉得过快，可以边拉边调整中心
放转盘	中心位置歪斜	转盘放置后要注意检查中心位置

（二）推拉式

易出现的问题		解决途径
抖台布	动作过小，没有抖开	要有适当力度
拢台布	右手过于平	注意右手高度
推台布	两手用力不均使抛出方向歪斜 五指容易全部松开，导致台布滑出桌面	控制左右手力度平衡 拇指和食指不可松开
台布定位	回拉速度过快，将台布中心拉过桌面中心	缓缓回拉即可。不要拉得过快，可以边拉边调整中心
放转盘	中心位置歪斜	转盘放置后要注意检查中心位置

七、考核测试

中餐铺台布实训考评表

组别：＿＿＿＿＿　姓名：＿＿＿＿＿　得分：＿＿＿＿＿

项　目	分　数	扣　分
抖台布	15	
拢台布	15	
撒台布	15	
推台布	15	
台布定位	20	
放转盘	10	
总体印象	10	

考核时间：　　　　年　　月　　日　　　　　　考评师（签名）：＿＿＿＿＿

八、讨论题

1. 常用台布有哪些尺寸？
2. 中餐铺台布的方法有哪几种？
3. 铺台布时服务员应站在哪个位置进行？
4. 放转盘的手法技巧。

第三节　餐巾折花实训

餐巾即口布，它是宴会及现代餐厅使用的保洁用品，此外，它还是餐厅装饰的重要组成部分。餐巾折花是一项艺术创作，不同的餐巾折花可以营造出不同的服务气氛来，它把餐厅的实用性和造型的艺术性巧妙地融合在一起，给人以美的享受。

餐巾的规格一般分为45厘米、55厘米见方，最大的有69厘米见方，最小的40厘米见方。餐巾的色泽分白色和彩色两大类，根据目前各地使用情况，餐巾色泽趋向用各种浅色来替代单一的白色餐巾。

实训项目五：餐巾折花

餐巾折花是运用不同的折叠方法，通过叠、折、卷、穿、翻、拉、捏等步骤将餐巾折叠成为美丽的巾花。餐巾折花的品种众多，不下几百种。按折叠与摆设工具的不同可分为杯花和盘花两大类。杯花一般需插入杯中完成造型，手法复杂，时间多，取出后容易有折痕，但造型逼真，立体感强；盘花是放于盘中或桌面上，手法简单，时间少，不容易产生折痕，较为卫生。根据不同需求可采用不同的方式。

餐巾折花要讲究卫生，操作前操作者的手要洗干净，折花操作过程中不能用嘴吹、用牙咬。在折花前要对所折的造型胸有成竹，折花姿势要自然，手指轻巧灵活，用力得当，折裥要均匀、挺括。

案例：某日一个英国VIP团抵达一大饭店，餐厅服务员为了表示对客人的欢迎、尊重，选用孔雀开屏，殊不知客人不但不领情，反而跑到大堂副经理处去投诉。经了解，是因为在英国人们认为孔雀是祸，是淫妇的代称，孔雀开屏被认为是自我吹嘘的表现，所以英国客人认为这个饭店在侮辱他们。由于不了解他国的风俗，服务员的一番好意，反而招来了批评投诉。

分析：对来自不同国家、不同地区的宾客，服务员要根据他们不同的宗教信仰、风俗习惯乃至性格、年龄、职业、爱好等来选择他们喜爱的花型。切忌选用那些有忌讳的花型。如日本忌讳荷花图案，英国忌用大象图案和孔雀图案，法国忌用黑桃图案和仙鹤图案，美国忌蝙蝠图案，意大利忌用菊花图案，埃圾忌讳熊猫图案，等等。

一、实训安排

实训项目	餐巾折花
实训时间	2学时
实训目的	使学员熟练掌握餐巾折花的各种基本方法
实训要求	(1) 餐巾应干净整洁，无太多折痕，刚浆洗过为佳 (2) 学生练习前应洗净双手，保持卫生 (3) 折花姿势要自然，手指轻巧灵活，用力得当，折裥要均匀、挺括 (4) 主人位的花形要求鲜明突出，以显示主次之分
实训方法	讲解与示范相结合，学员操作练习

二、实训准备

餐巾、水杯一人一份。

三、实训操作流程

四、实训操作规范

项　目	主要操作内容
基本折花手法	1. 叠：是堆叠、折叠的意思。就是将餐巾一叠二，二叠四，单层叠成多层，折叠成正方形、矩形、长条、三角、菱形、锯齿、梯形等各种形状。这是餐巾折花的最基本手法，几乎每朵花形都要用到这种方法。其要领是：熟悉基本造型，看准角度，一次叠成，避免反复，否则餐巾留下皱痕，影响造型挺括美观 2. 折：包含折叠、折裥两层意思，这里主要指折裥，有的地方叫“打折”、“捏”。就是将餐巾叠面折成一裥一裥的形状，使花形层次丰富、紧凑、美观。这是餐巾折花中的一种重要技法，折裥好坏直接影响花形的挺括美观。折裥时，用双手的拇指、食指握紧餐巾，两个大拇指相对成一线，指面向外，中指控制好下一个裥之间的距离，拇指、食指的指面握紧餐巾向前折到中指处，中指再腾出去控制下一个折裥的距离，三个指头相互配合，向前推折。折裥的要领是：操作的台面必须光滑，否则就推不动，会将餐巾拉毛。折的时候，拇指、食指紧紧握裥，不能松开，中指控制间距将餐巾向前推折，不能向后拉折，否则折裥距离大小不匀，有碍造型美观。要求两边对称的折裥，一般应从中间向两边折 3. 卷：就是将折叠的餐巾卷成圆筒型的一种方法，可分为平行卷和斜角卷两种。平行卷即是将餐巾两头平行一起卷拢，要求卷平直。斜角卷就是将餐巾一头固定只卷一头，或者一头少卷一头多卷的卷法。如果按卷筒的形状来分，可分为螺旋卷和直卷两种。前者所卷成的圆筒成螺旋状，后者形如直筒。卷的要领是：平行卷要求两手用力均匀一起卷动，餐巾两头的形状必须一样，斜角卷要求两手能按所卷角度的大小，互相配合好。不管采用哪种卷法，都要求卷紧，卷松了就显的软弱无力，容易软塌弯下，影响造型美观 4. 穿：是用工具从餐巾的夹层折缝中穿过去，形成皱折，使造型更加逼真美观的一种方法。穿的工具一般用圆形的筷子，根据需要有用一根的，也有用两三根的。餐巾一般都要打折，这样容易穿紧，看上去饱满，富有弹性。穿时，左手握住折好的餐巾，右手拿筷子，将筷子细的一头穿进餐巾的夹层折缝中，另一头顶在自己的身上或桌子上，然后用右手的拇指和食指将餐巾布慢慢往里拉，把筷子穿过去，皱折要求拉得均匀。穿的要领是：穿时，筷子要光滑，拉折要均匀，遇到以层穿裥时，如“孔雀开屏”，一般应先穿下面，再穿上面，这样两层之间的折裥就不易被挑出散开 5. 翻：翻的含义较广，餐巾折制过程中，上下、前后、左右、里外改变部位的翻折，均可称为“翻”。如将巾角从下端翻折到上端，两侧向中间翻折，前头向后翻折，或将夹层的里面翻到外面等。折制花朵、叶子、花瓣、花蕊和鸟类的翅膀、头、尾等，均要用到这种折法 6. 拉：就是牵引。折巾中的拉，常常与翻的动作相配合。如折鸟的翅膀、尾巴、头颈，花的茎叶等，通常用拉使折巾的线条曲直明显，花形显得挺拔有生气 7. 捏：捏也是使用较多的技法，主要用于做点和其他动物的头。方法是：用一只手的拇指、食指、中指三个指头进行操作，将所折餐巾巾角的上端拉挺，然后用食指将巾角尖端向里压下，中指与拇指将压下的巾角捏紧，捏成一个尖嘴，作为鸟头

续表

项　目	主要操作内容
完整折花造型练习	1. 单荷花：单荷花是使用较普遍的一种折花造型，不管是大型宴会，还是一般宴会或特殊的宴请，都可以选用这种花形。其步骤是将餐巾叠成小方形，由中间向两侧捏成五折，将捏好的餐巾提起，将四片一一掰开形成荷花瓣形，放入杯中成单荷花。折单荷花的基本手法是方形餐巾折花法，掌握这种手法后，加以不同变化，就会折出翻荷花、双荷花、金鱼、仙人掌、月季花等多种花型 2. 圆花篮：将餐巾折成三角形，从三角形底部往上卷三分之二，然后将一层小角往下翻，由中间向上翻起，再将两个直筒向上翻，将两角做成圆形篮筐，放入杯内，双手将两角顶端插接成为花篮把，形成圆花篮，如加以变动可折成长花篮、海鸥、马蹄莲、竹节等 3. 并蒂莲花：折并蒂莲花采用长方形餐巾折花法，其具体步骤是：将餐巾叠成长方形，从里向外一一捏成四折。由中间折成 W 形，掰开花掰形成并蒂莲。在此基础上可折出牡丹花、双喇叭花、双月季花、千枝梅花 4. 鸵鸟：将餐巾的对称两角向中心叠起，然后向外翻开，再将右角向里叠，将造型整个翻过来，从右向左捏成五折，两手捏住五折的两端，向上窝，用左手攥住底部，右手将大角捏成嘴部，放入杯内形成鸵鸟。鸵鸟造型采取菱形折叠法，掌握这种折法，在折鸵鸟的基础上，加以变化，可以折出水浮莲、鸡冠生蕊 5. 海棠花：由中间向上抻起，用手攥住花心，右手将四个直边中间向上做成花瓣。再将四角向上做成大花瓣，放入杯内形成海棠花。折叠海棠花采取提取翻折手法，在此基础上加以变化可以折出金钟花、蝴蝶花、玉兰花等 6. 牵牛花：将餐巾叠成三角形，将左右上下两角各向中心卷成斜筒形，用手攥住底部，然后将四角一一翻开成花瓣。在此基础上，还可折成海燕、马莲花、玉兔耳、对孔雀

五、服务过程中容易出现的问题及解决途径

易出现的问题	解决途径
折叠时没有对准折线和角度，使成形的折花边角不齐，歪歪扭扭	餐巾折花最开始的步骤是最重要的，这些初始步骤决定了最后成形的效果，所以餐巾折花的前几步手法一定要精确到位。通过大量训练，来更好地掌握餐巾折花各种手法运用
推折时没有做到折裥均匀整齐，距离相等。折裥或大或小，严重影响成形效果	
运用卷的手法时餐巾没有卷紧，使成形折花过软无法立起	
翻拉动作过大，将之前完成的形状拉坏	
没有进行最后的整体塑形	

六、考核测试

餐巾折花实训考评表

组别：__________　姓名：__________　得分：__________

项　目	分　数	扣　分
动　作	20	
折花种类	30	
折花造型表现	30	

续表

项　目	分　数	扣　分
技术难度	10	
总体印象	10	

注：要求杯花和盘花各5种，时间10分钟，超过30秒扣5分

考核时间：　　　年　　月　　日　　　　　　考评师（签名）：

七、讨论题

1. 餐巾折花按折叠与摆设工具的不同可分为哪几种？各自的优缺点？

2. 口布折花的基本手法有哪些？

3. 请说出5个国家的禁忌图案。

附：餐巾的基础折叠法

餐巾折花的基础折叠法，就是将餐巾初步折叠成形，为以后的折制打下基础。基础折叠可分为正方折叠、长方折叠、长方翻角折叠、三角折叠、菱形折叠、尖角折叠等十余种。掌握了基础折叠法，再经过局部加工，即可演变出多种花形。

1. 正方折叠

将餐巾经两次对折折成正方形（图2—4），这是一种较多使用的折叠法。正方形在折叠过程中，改变巾角的翻折方法、数量和位置，再行折裥，即可变化出多种花形。方角折变化一般有两种方法：一种是先折角再叠成方形，还有一种是叠成方形后再叠角（图2—5）。如“飞燕”造型就是通过正方折叠法变化而来的（图2—6）。

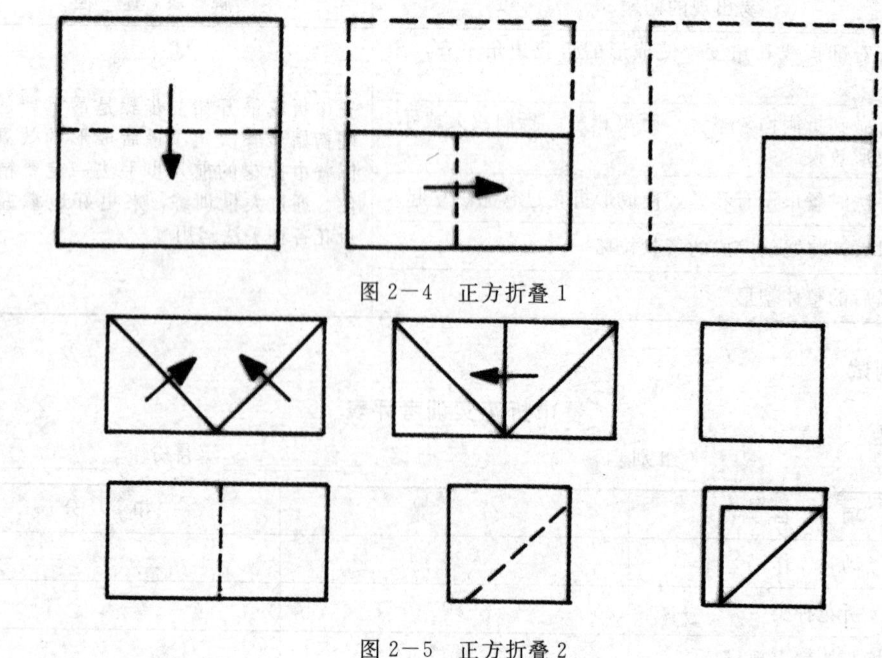

图2—4　正方折叠1

图2—5　正方折叠2

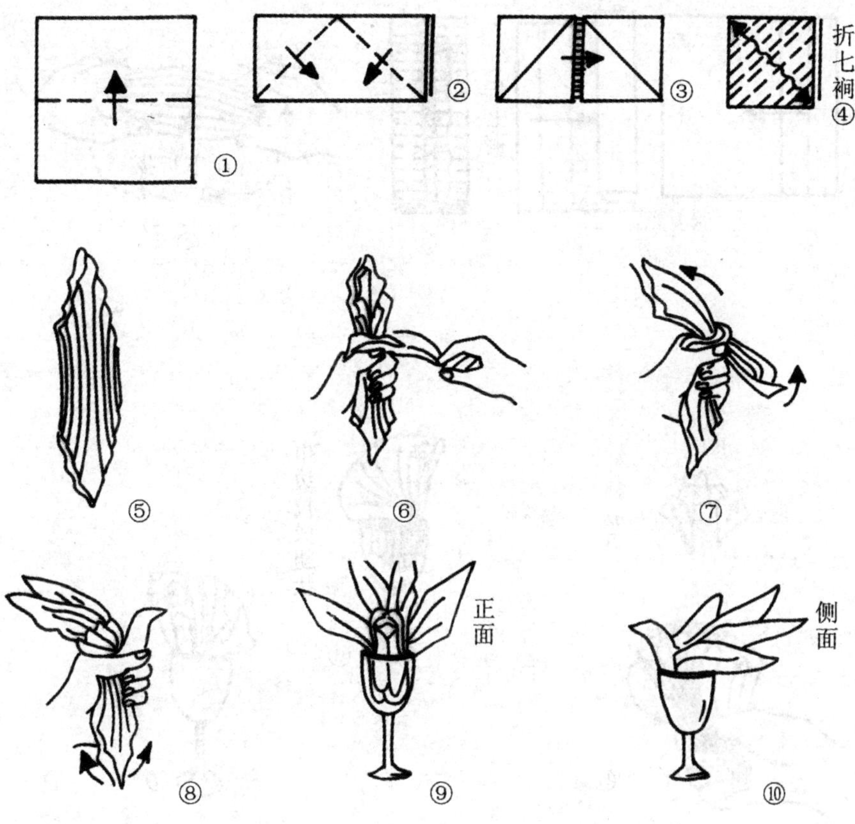

图 2—6　飞燕

2. 长方折叠

即将餐巾巾边平行折叠成长方形，然后折裥。它也有两种方法：一是多层相叠成窄长方形（图 2—7 上）；另一种是双层平摊成宽长方形（图 2—7 下），如“蛙身欲跃”就是通过长方折叠变化而来（图 2—8）。

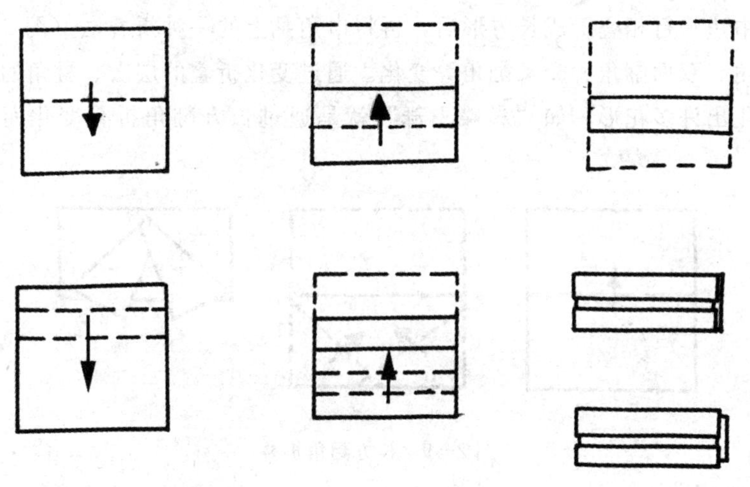

图 2—7　长方折叠

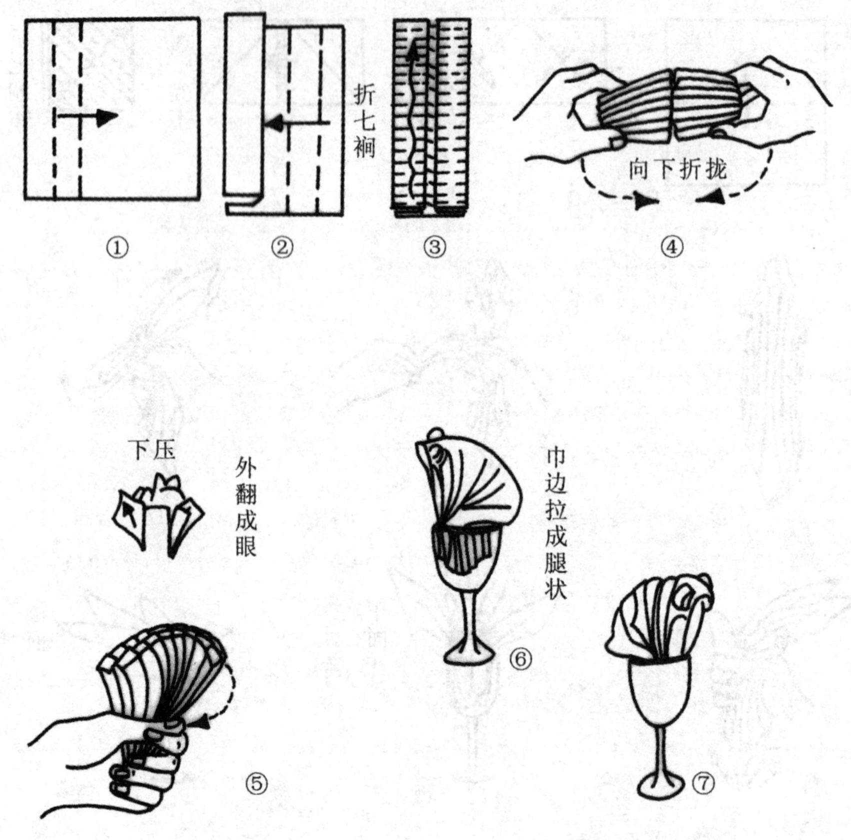

图 2—8　蛙身欲跃

3. 长方翻角折叠

即将餐巾巾边平行相叠折成长方形后，再将巾角翻上的一种折叠法（图 2—9）。巾角的翻折有平面翻角、双面翻角、交叉翻角等变化。通过变化折叠的层次、翻角的数量、角度的大小，从而变化出许多花形。如“彩蝶飞舞”就是通过长方翻角折叠变化而来的（图 2—10）。

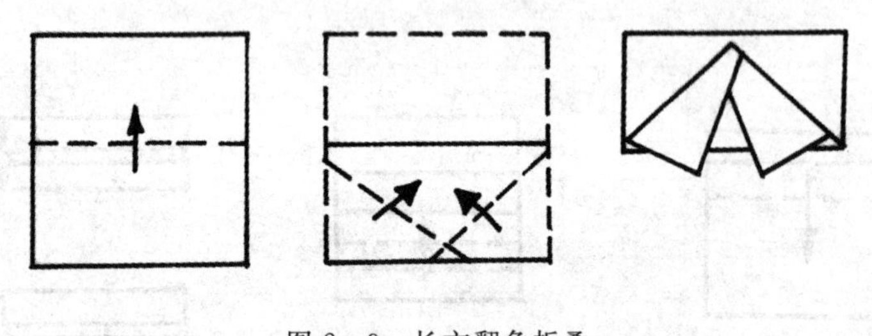

图 2—9　长方翻角折叠

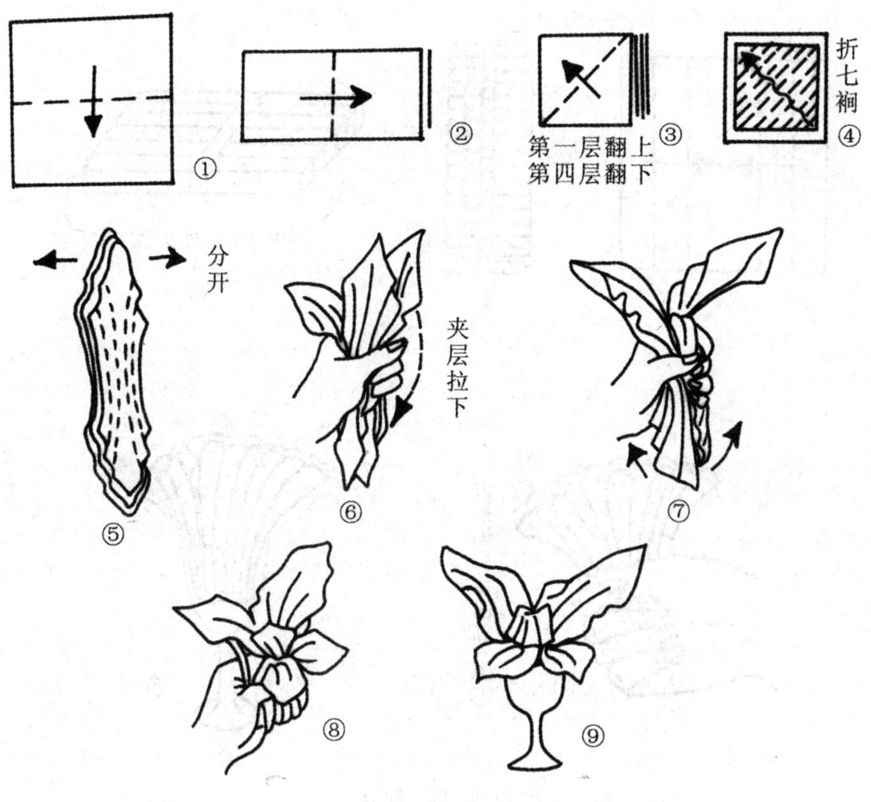

图 2—10　彩蝶飞舞

4. 条形折叠

是将餐巾摊平直接折裥或先对折后再折裥而成细长条形的一种折叠方法。条形折叠分平行折裥与对角折裥（图 2—11）两种折法。

"河蚌"就是通过条形折叠变化而来（图 2—12）角形折叠，巾帕裥多条长，层次丰富，适宜折叠多层次的花形。

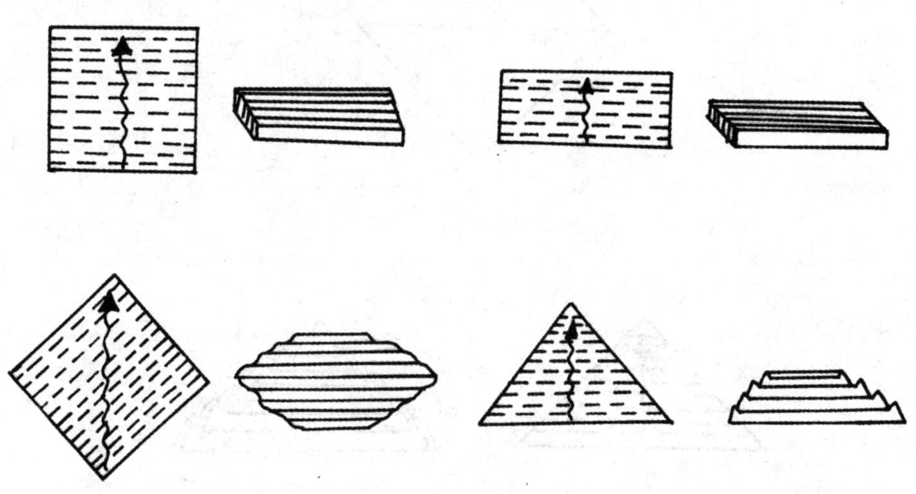

图 2—11　条形折叠

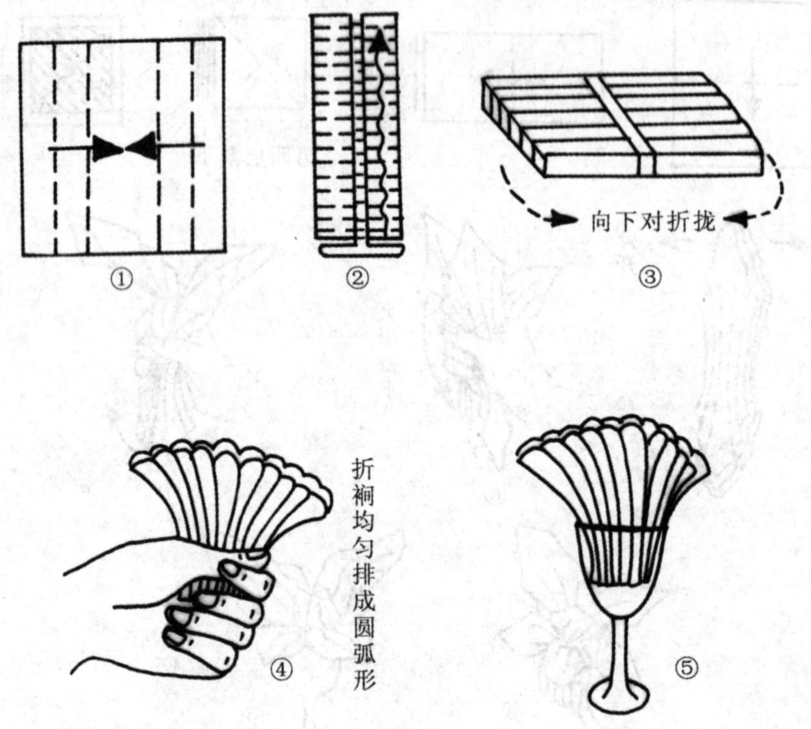

图 2—12　河蚌

5. 对角折叠

即将餐巾的巾角对叠呈三角形，然后通过直接折裥或反向折角等方法来变化花形的一种方法（图 2—13）。如“玉兰花香”就是通过对角折叠方法变化而来的（图 2—14）。

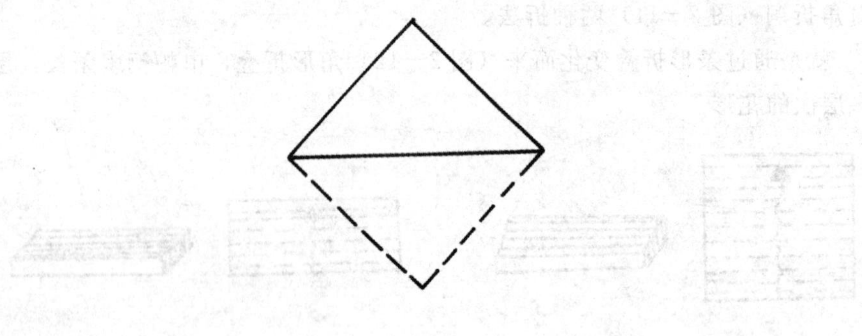

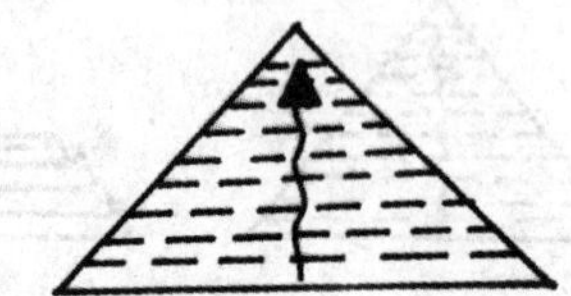

图 2—13　对角折叠

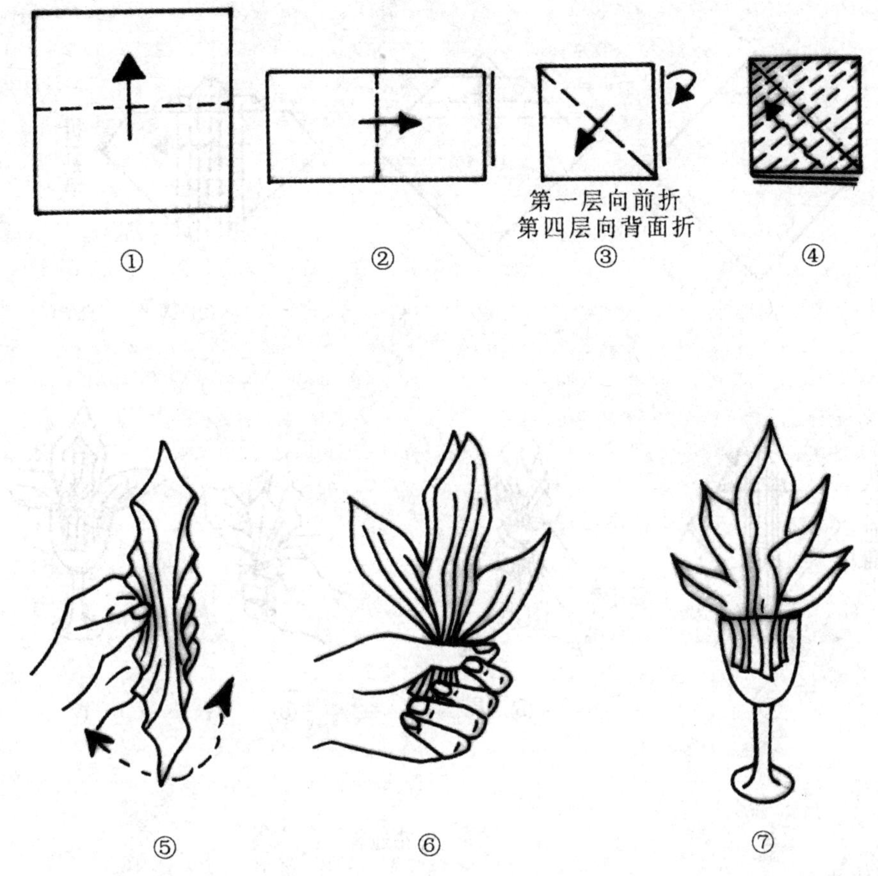

图 2－14　玉兰花香

6. 菱形折叠

即将餐巾的巾角相对平行折叠呈菱形状的一种折叠法（图 2－15）。它通过变化折裥数量、调节折余两端距离、改变中间相叠部位的宽窄来折出不同形状的花形。如“鲜花迎客”花就是通过菱形折叠法变化而来的（图 2－16）。

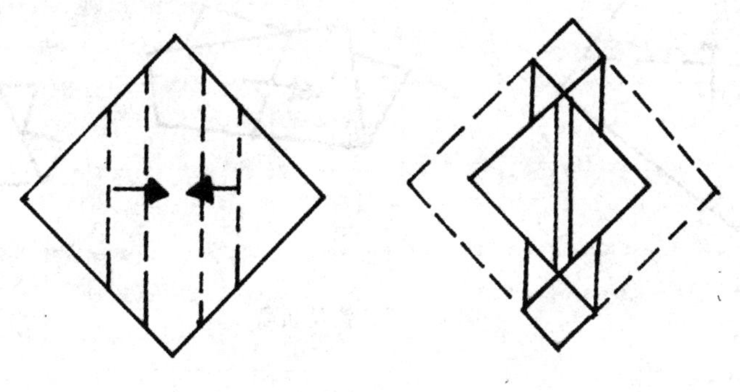

图 2－15　菱形折叠

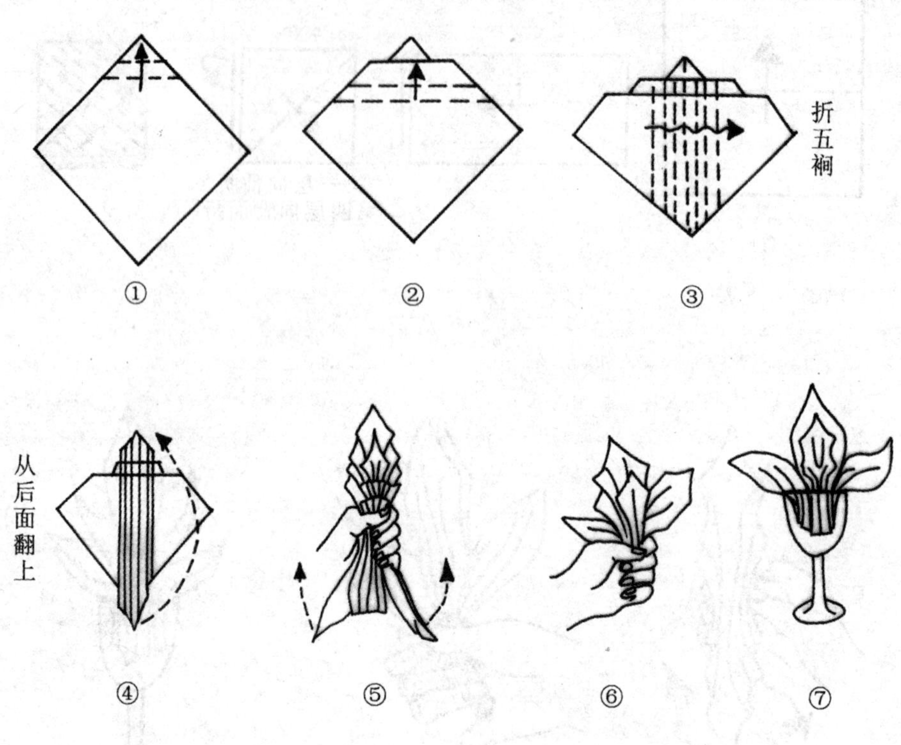

图 2－16　鲜花迎客

7. 错位折叠

即将餐巾的四角错位相交，折叠呈锯齿状，然后通过进一步翻叠、折裥的一种折叠法（图 2－17）。根据齿间的距离大小，可分为大锯齿、小锯齿两种。如“双叶托花”就是通过错位折叠法变化而来的（图 2－18）。

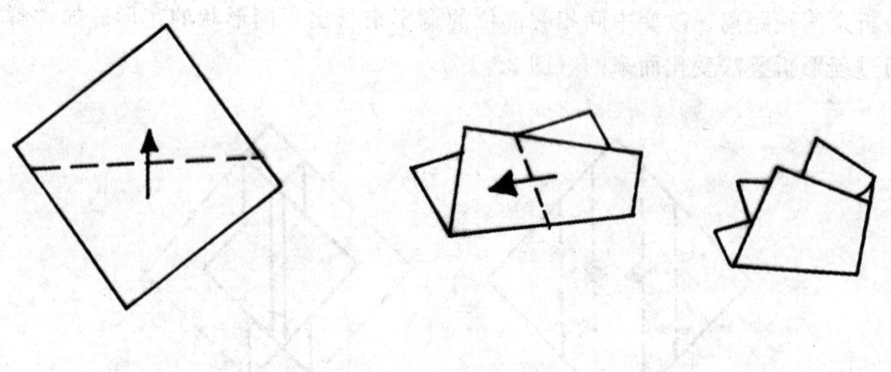

图 2－17　错位折叠

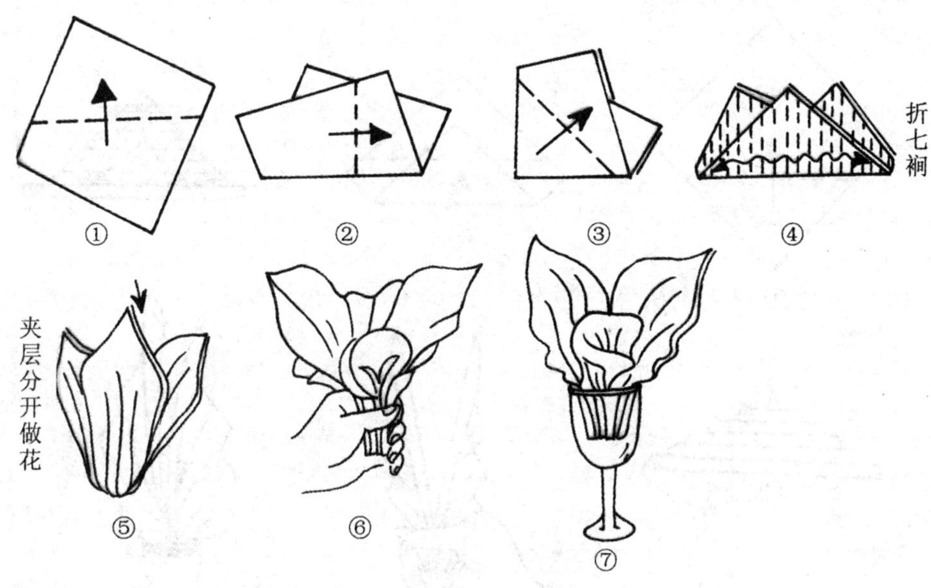

图 2—18　双叶托花

8. 尖角折叠

即先将餐巾的一角固定，然后再从两边向中间折叠或向中间卷折的一种折叠方法（图 2—19）。这种折叠法适宜一头大一头小的物体造型。如“绿叶挺拔”花形就是通过尖角折叠法变化而来（图 2—20）。

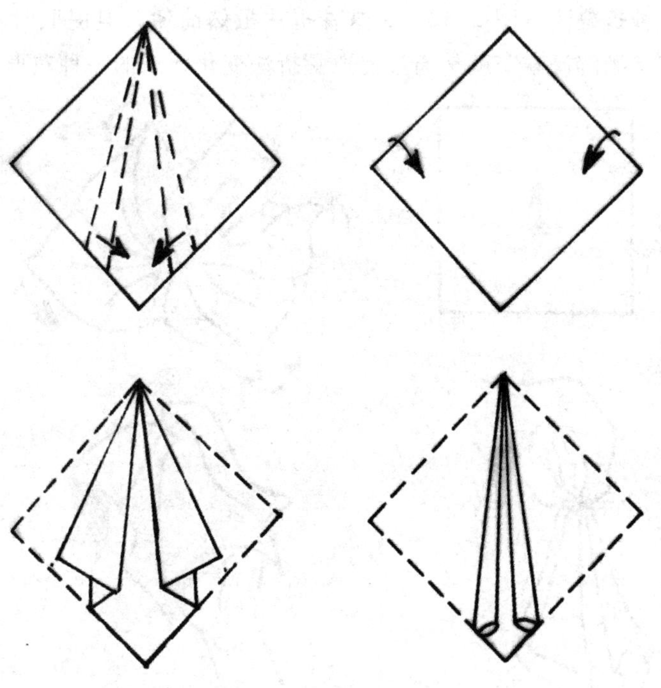

图 2—19　尖角折叠

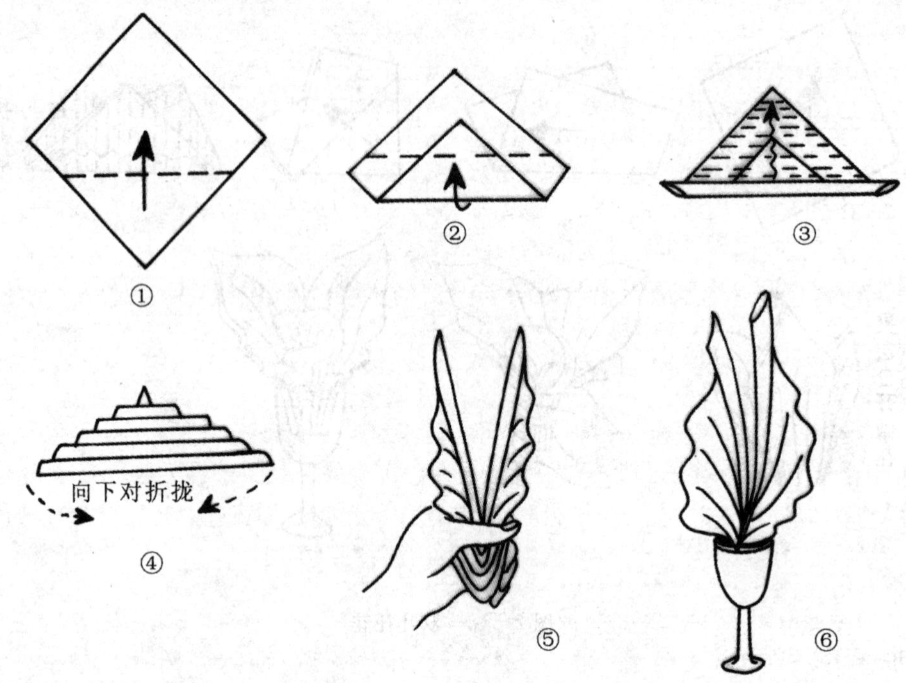

图 2－20　绿叶挺拔

9. 提取翻折

即将餐巾的中心作为顶点提起或固定中心，转动四周巾边，再翻转提起，最后通过翻折而变化出花形的一种折叠法（图 2－21）。这种折法虽然简便，但提取时不能偏斜，翻折巾角要大小一致。如“酒醉海棠”就是通过提取翻折法变化而来的一种花形（图 2－22）。

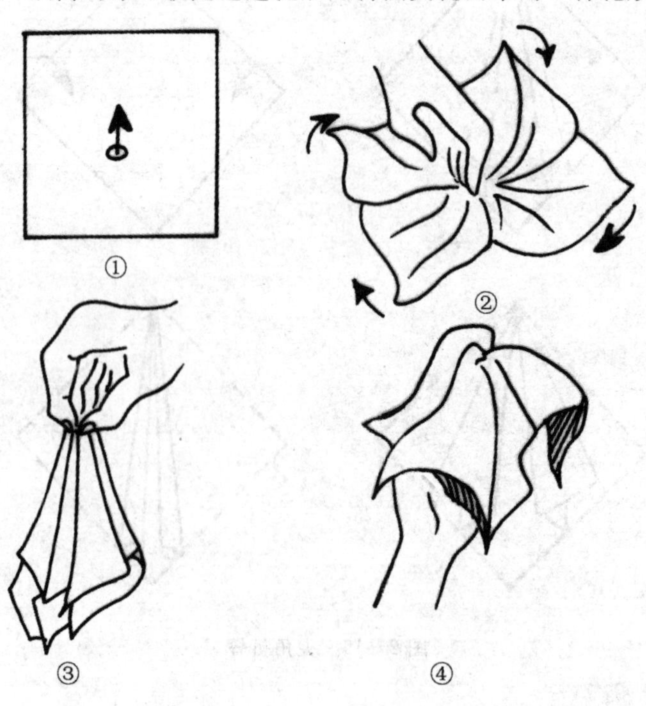

图 2－21　提取翻折

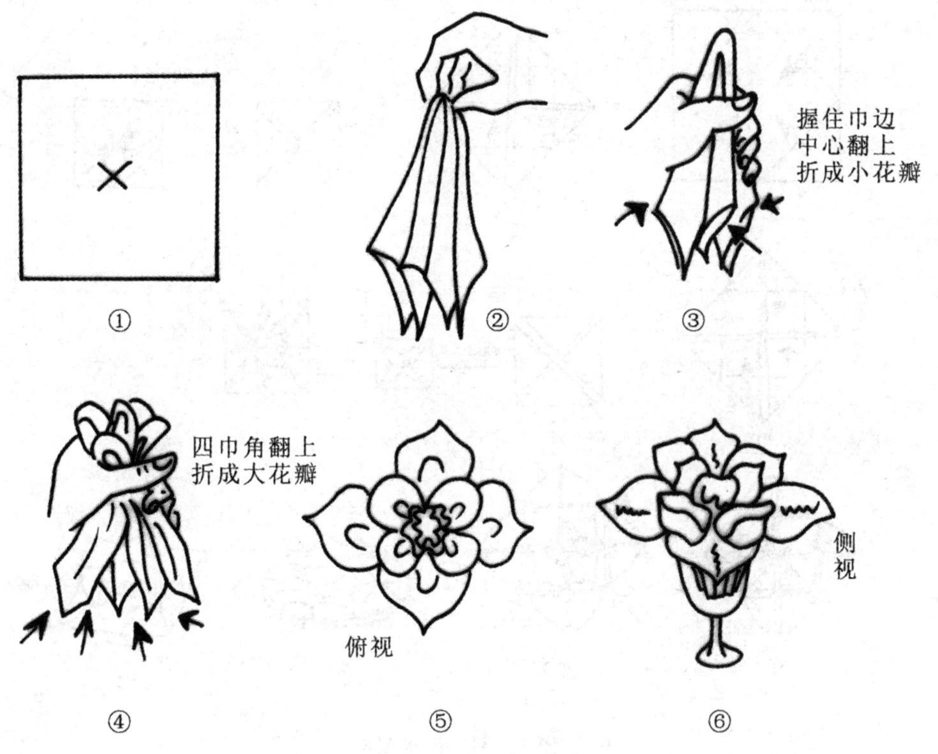

图 2—22　酒醉海棠

10. 翻、折角折叠

即将餐巾的一角或数角通过翻折或折裥然后再进行翻折、组合的一种折法（图 2—23）。折角组合的折法比较麻烦，几角同时折裥然后再组合时必须十分细心，否则就无法成形。如“出水芙蓉”就是通过翻折角折叠法变化而来的花形（图 2—24）。

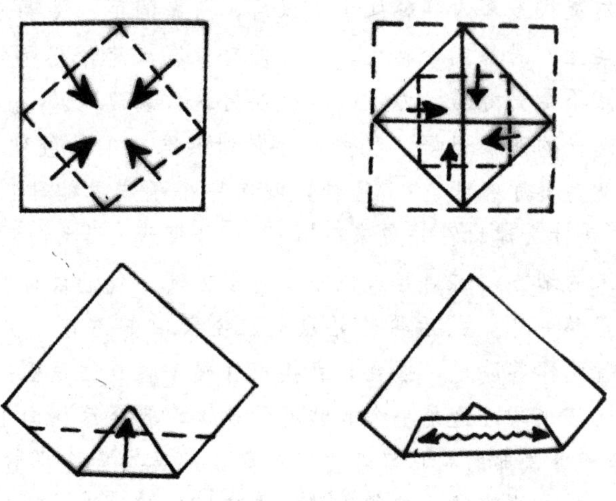

图 2—23　翻、角折叠

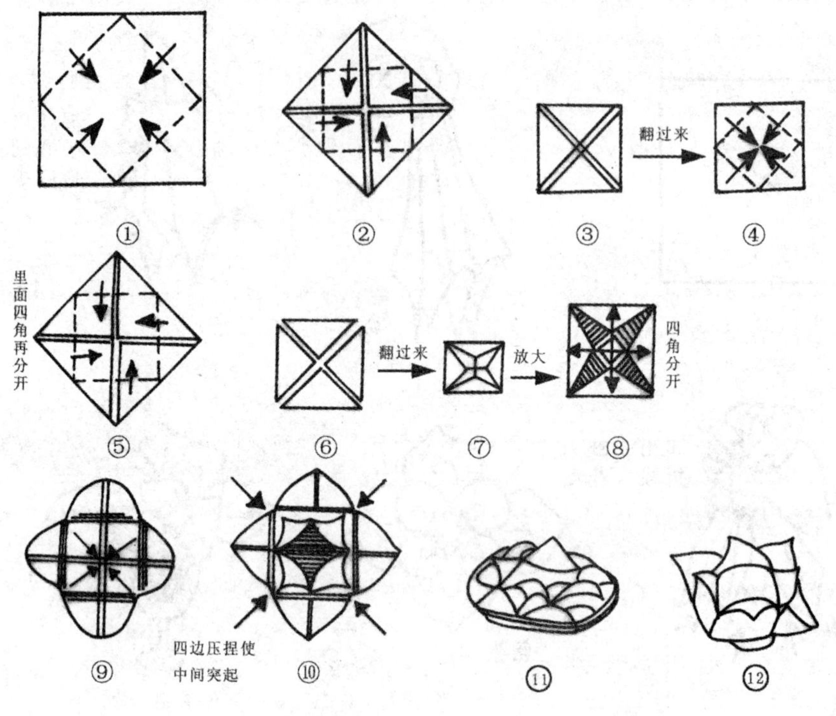

图 2—24　出水芙蓉

第四节　中西餐饮摆台

案例：小马是北京某饭店中餐厅一位热情、细心的服务员，她不但善于察言观色，而且还经常和同事一起讨论，研究餐饮服务中的一些细节问题，以提高自己的服务水平，让客人满意而归。最近，她发现很多客人到餐厅坐下以后，所做的第一件事是将面前的餐具往里面移，然后双手靠在餐桌上，喝茶或者聊天。一天，有位客人终于忍不住对小马建议道："小姐，这餐具往里面摆点不是更好吗，为什么非要摆得这么靠边呢。"小马忙说："先生，对不起，给您添麻烦了！您提的建议很好，我一定会及时转告我们的经理。"于是，下午餐间休息时，小马抓住机会就对餐厅经理说："经理，我有一个不成熟的建议，不知您想不想听。"经理饶有兴致地问："是什么建议？快说来听听。"小马便说："我们酒店摆台时规定将骨碟摆放在距桌边 1.5 厘米的地方，这对客人似乎不是很方便。我最近也发现不少客人坐下后都是先将桌上的餐具往里移一下，然后再开始点菜。今天中午还有一位客人直接跟我提出来了。您看我们是否能就此作些改进，摆台时直接把骨碟等餐具往里面摆一点，以免客人坐下来再移。"经理马上说："小马，这是一个非常好的建议，我会尽快向上级汇报，看看能否采用。"一个星期后，分管餐饮部的副总经理在饭店餐饮部员工大会上宣布："为了方便客人，我们餐厅的摆台将有一些小的改动，具体的做法由餐厅经理为大家培训。这个改动是小马提出来的，非常好，希望所有员工都向她学习，对工作中发现的问题进行思考，向饭店提出改进的措施。"小马感到非常高兴，因为自己的想法得到了实现。从此以后，小马在餐厅再也没有发现客人移餐具的现象了。

分析：目前，中餐摆台的很多做法和标准都是从西餐摆台中移植过来的，但到底是否符合中餐的用餐要求和中国人的用餐习惯，对此还缺乏深入的分析和研究。确实，现在餐厅中有些用品的摆放就没有考虑到客人的使用方便和中国人的生活习惯。本案例中骨碟离桌边1.5厘米就是典型一例。因为中国人从小就吃中餐，吃中餐通常是圆桌，大家围成一圈，菜放中间，为了够得着菜，所以我们很多人从小就形成了坐下吃饭时双臂靠桌的习惯。正是由于这种习惯的存在，使得饭店餐厅中骨碟离桌边1.5厘米的摆台标准会让客人觉得很不方便。试想，如果餐厅管理人员对客人需求研究深入一点，多点创新意识，在一开始将骨碟摆放在距桌边3厘米或5厘米的位置，既可免去客人的动手之劳，也可为酒店争得良好的声誉。看来，酒店中有些标准也会束缚人的思维，阻碍酒店的创新。反思标准，寻求突破，就像本案例中的小马一样，这也是酒店优质服务中的应有之举！服务人员在工作中应多思考，多想办法，积极地参与餐厅的整体管理，不要仅仅满足于做好“自己的事”。只有参与管理，群策群力，才能迅速提升企业的内质，争取更大的顾客满意度。当然，服务创新必须有管理者的支持，如果缺乏管理者的支持和参与，任何服务上的创新都是一句空话。

实训项目六：中餐席位安排

举办中餐宴会一般用圆桌，每张餐桌上的具体位次有主次尊卑之分。宴会的主人应坐在主桌上，面对正门就座。同一张桌上位次的尊卑，根据距离主人的远近而定，以近为上，以远为下；同一张桌上距离主人相同的位次，排列顺序讲究以右为尊，以左为卑。在举行多桌宴会时，各桌之上均应有一位主人的代表，作为各桌的主人，其位置一般应与主桌主人同向就座，有时也可以面向主桌主人就座。每张餐桌上，安排就餐人数一般应限制在10人之内，并且为双数。人数过多，过于拥挤，也会照顾不过来。

案例：小王是中餐厅新进员工。由于近来餐厅生意兴隆，人员紧缺。小王才接受了一些基础培训便分配单独负责一个十人座包厢的服务工作。当天便有一位刘先生预订此包厢用于晚上宴请重要客户们吃饭。小王从下午开始作餐前准备，在确定主人位和主宾位时，小王觉得靠近门口的位置出入方便，于是将主人位安排在了最靠近门口的方向。晚上刘先生和客人们到来，小王热情地将他们一一引到座位上，认真周到地提供斟酒上菜等席间服务。但刘先生和主宾的脸色却越来越不高兴。刘先生在用餐结束后向领班投诉小王的服务很不好，对小王的工作诸多挑剔。小王感到十分委屈，自己到底哪里做错了呢？

分析：在这个案例中小王犯了席位安排的错误。主人位应当是面对着门口，离门口较远的位置。这样能给主人和主宾一种总揽全局，居高临下的心理感受，可以有一种尊贵感。安排在离门口较远的地方，也是为主人和主宾提供一个最好的交谈环境，可以最不受人来人往的干扰。小王将主人位安排在门口旁边，一是忽略了主人身份的心理特点；二是在上菜及其他服务时，会频繁地打扰主宾之间的交流，破坏席上的气氛。中餐席位的安排，要考虑客人的心理特点，也要考虑餐饮服务的工作规律，使席位安排既能满足客人的心理需求，也能使服务顺利进行。另外，此案例中的餐厅没有对新员工做好培训工作，便让他们匆忙上岗，这是人事管理上的错误。

一、实训安排

实训项目	中餐席位安排
实训时间	1 学时
实训目的	使学员了解中餐席位安排的步骤和方法
实训要求	(1) 主宾位置安排有序 (2) 座椅摆放均匀，离桌间距相等 (3) 引宾入座言语礼貌到位，拉椅动作快捷
实训方法	(1) 示范讲解 (2) 学员每 8 人一组，分客人与服务员进行角色转换

二、实训准备

座位牌、中餐圆桌、餐椅若干。

三、实训操作流程

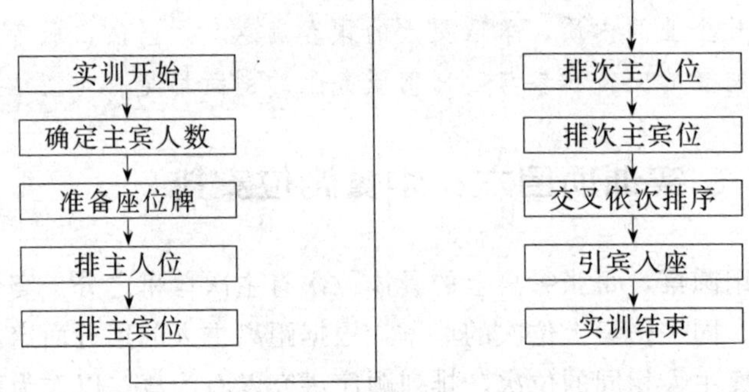

四、实训操作规范

项　目	主 要 操 作 内 容
每张桌上一个主位的排列方法	每张餐桌上只有一个主人，主宾在其右首就座，形成一个谈话中心。如图： 主人 1 2 3 4 5 6 7 8
每张桌上两个主位的排列方法	如主人夫妇坐同一桌，以男主人为第一主人，女主人为第二主人，主宾和主宾夫人分别坐在男女主人右侧，桌上形成了两个谈话中心。如图： 主人 主人 1 3 1 2 5 7 5 6 8 6 7 8 4 2 4 3 女主人 女主人 如遇主宾的身份高于主人时，为表示对他的尊重，可安排主宾在主人位上就座，而主人则坐在主宾的位置上，第二主人坐在主宾的左侧 如果本单位出席人员中有身份高于主人者，可请其在主位就座，主人坐在身份高者的左侧 以上两种情况也可以不作变动，按常规予以安排

五、服务要点

服务要点	规　范　动　作	原　因
座位牌准备	座位牌一般为长方形，上面横向书写文字。遇到主宾为不同国家的，座位牌要同时写上双方国家文字。座位牌上方写主人或主办者国家文字，下方写宾客国家文字（相互对照）	为主宾提供方便，可快速就坐。也表示对宾客的尊重
放座位牌	座位牌置于酒杯前或平摆于餐具上方，但不得置于餐盘内	保持餐盘卫生。餐盘是用来盛放食物的
迎宾拉椅	（1）迎宾员面带微笑，身体微倾，并使用敬语，走在客人的右前方相距约1米处引领客人到事先安排的或预想安排的餐桌，引领速度须与客人行走速度相同 （2）当引领客人到餐桌时，迎宾员要逐一为客人拉椅。拉椅时要用左膝顶住椅背，双手扶住椅背上部，平稳地将椅拉出，并伸手示意客人就坐	迎领时要与客人保持适当距离，令客人感到舒适安全。拉椅的这种动作可以避免椅子在地上拖动发出不雅声音

六、服务过程中容易出现的问题及解决途径

易出现的问题	解　决　途　径
在整个房间的结构布局中，错误指定主人位	对学员进行中国人交际心理特点培训，了解中国人对于用餐中座次主次尊卑的重视心理。学员通过对客人心理的深入了解，从而能更好的掌握中餐席位安排的服务技能要求
将主人位与副主人位安排在一起	
没有按交叉原则排位	
迎宾时相对于客人行走速度过快或过慢	
拉椅时动作不标准，使座椅在地面发出拖地声	

七、考核测试

中餐席位安排实训考评表

组别：__________　姓名：__________　得分：__________

项　　目	分　　数	扣　　分
仪容仪表	10	
座椅摆放	10	
排主人位	10	
排主宾位	10	
排次主人位	10	
排次主宾位	10	
其他宾客交叉排位	10	
引宾语言	10	
引宾动作	10	
总体印象	10	

注：确定不同人数的主人与宾客人数，让学生临场表现座次安排方法。

考核时间：　　　　年　　月　　日　　　　　　　　考评师（签名）：__________

八、讨论题

1. 中餐席位安排中，主人位相对于大门的位置一般怎么安排，为什么？
2. 主宾应安排于哪个位置？
3. 有两个主人的情况下，主人位应如何安排？
4. 在安排好主人和主宾位置后，其他宾客的位置应如何安排？
5. 何种情况下宾客可坐在主人位？

实训项目七：中餐零点摆台

由于零点餐厅餐桌相对固定，无需餐餐变化，再加上就餐者无主客之分，所以只需进行桌面摆放就可以。

案例：一天晚上，吕先生和肖先生应约来到某餐厅，已等候多时的万先生和他的下属们热情地迎上前去，寒暄了一阵后便在迎宾员的引导下，进入已经预订好的包间里入座。值台服务员小史便开始了一系列的餐前服务。向客人问茶后，他迅速为客人倒好茶水，并送上了小毛巾。在小史为客人铺餐巾、去筷套时，肖先生看看左边，又看看右边，问小史："小姐，哪块小毛巾是我的？"小史回答说："左边的毛巾应该是您的。"此时，坐在肖先生左边的吕先生刚好拿起右手边的小毛巾，听了小史的话，擦也不是，放下也觉得不合适，一时间，尴尬非常。

分析：这是发生在零点摆台过程中的一个案例。在大多数餐厅的服务规程中，对小毛巾的摆放位置都有明确规定。从表面上看，小毛巾的摆放非常整齐、美观，但实际上酒店并没有考虑到客人的使用方便。所以才会出现吕先生遇到的尴尬情形。其实餐厅完全可以从客人需求的角度出发，考虑到使用的方便性，对传统的小毛巾摆放位置加以调整，譬如小毛巾放在餐位前明显的位置上（如骨碟上方），就可以避免客人用错毛巾的尴尬。摆台是餐厅配餐工作中的重要一项内容，是一门技术，摆的好坏直接影响服务质量和餐厅的面貌。餐具摆放要相对集中，备种餐、酒具要配套齐全，距离相等，图案、花纹要对正，整齐划一，符合规范标准，做到既清洁卫生，又有艺术性，并方便宾客使用。

一、实训安排

实训项目	中餐零点摆台
实训时间	2 学时
实训目的	使学员了解中餐零点摆台的步骤和方法
实训要求	（1）餐具摆放以方便客人、实用美观为第一原则 （2）摆台操作卫生，动作轻巧稳妥 （3）各套餐具间距离均匀
实训方法	讲解与示范相结合，学员操作练习

二、实训准备

10 人标准台（直径 200～220 厘米）一张，玻璃转盘（直径 90 厘米）一个，餐椅十把，台布一张，摆台托盘两个，折花托盘一个，中餐餐具若干套，水杯、即位牙签各两副。

三、实训操作流程

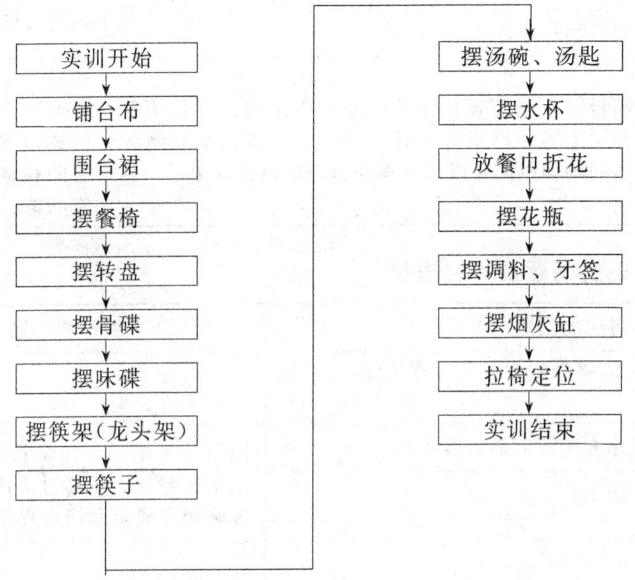

四、实训操作规范

项　目	主 要 操 作 内 容
中餐零点摆台	(1) 先将骨碟定位于离桌边 1.5 厘米处 (2) 筷子在骨碟的右边，筷尾离桌边也是 1.5 厘米 (3) 汤碗在骨碟的左上方，汤匙放置在汤碗内，汤匙把向左。味碟在骨碟上方 (4) 水杯放在筷子与味碟中间 (5) 餐巾花折好后放在骨碟内或插入水杯里 (6) 如是圆桌，花瓶、烟灰缸放在中间，调料、牙签盅放在桌子左下方处。如是靠墙方桌，花瓶放在靠墙的那一边中间，调料、牙签盅在右，烟灰缸在左

注：(1) 对不会使用筷子的客人，席位上要加摆餐刀、餐叉，叉左刀右，刀口朝左。

(2) 集体用餐或几位宾客共同进餐时，应摆放公用筷架，供服务员为宾客派菜和其他人取菜用。公筷、公勺放在公用筷架上，摆在个人用餐餐具上方或转台上。

(3) 汤匙可放入汤碗或味碟内。

(4) 餐桌上使用的瓶花，其高度应以不阻碍客人视线为准。

(5) 消毒筷子应用筷套封装。

五、服务要点

服务要点	规　范　动　作	原　因
动作要求	左手托盘，右手从托盘上一一拿餐具。以大拇指、食指和中指持餐具的下半部分，盘子持盘边沿，碗持碗沿，杯子持杯柄或下半部分。餐具如有店标，店标要正面朝向客人位置。摆台时左手托盘注意不要位于座椅上方	保证餐具卫生。托盘要位于座椅外侧，以免碰到客人

续表

服务要点	规范动作	原因
餐具间距控制	可以指测和目测控制。指测可以大拇指、食指和中指的粗细在摆餐具的同时进行测量	指测可精确定位
整体间距和中心对齐控制	多人位零点摆台时，各套餐具要平均分布于圆桌。可利用目测台布折线和中心点，以第一个骨碟的摆放定位，来控制各套餐具位置间的均匀距离，以达到桌面整体的良好效果	通过骨碟的准确摆放，可保证最后所有餐具的摆放效果，不至于出现有的位置挤，有的位置宽的情况

六、服务过程中容易出现的问题及解决途径

易出现的问题	解决途径
持拿餐具的手势错误，手指碰触餐具接触食物的部分，如汤匙底部、盘子中心等	加强学员培训，让学员熟记全套中餐零点摆台餐具，并通过多次练习达到熟练、准确地完成全套摆台程序
没注意餐具上的店标，店标方向没有向着客人位	
骨碟、味碟中心不在一条线上	
餐具间距不均匀，或大或小	
记不清全套餐具数量，少摆或多摆餐具	

七、考核测试

中餐零点摆台实训考评表

组别：________ 姓名：________ 得分：________

项目	分数	扣分
摆转盘	10	
摆骨碟	10	
摆味碟	10	
摆筷架	10	
摆筷子	10	
摆汤碗、汤匙	10	
摆水杯	10	
放口布折花	5	
摆花瓶	5	
摆调料、牙签	5	
摆烟灰缸	5	
拉椅定位	5	
总体印象	5	

注：1. 要求餐具数量完整，少即扣分。

2. 时间要求1分钟30秒，每超过10秒扣5分。

考核时间：　　年　　月　　日　　　　考评师（签名）：________

八、讨论题

1. 中餐零点摆台所需餐具有哪些？早餐和午晚餐零点摆台所需餐具有哪些不同？

2. 为什么中餐摆台时首先放的是骨碟？有什么作用？

3. 控制各餐具摆放间距的手法可以是怎样的？

4. 餐具上如有店标或图案，应如何摆放？

5. 请说说摆台时持拿餐具的指法要求。

6. 根据以下案例，思考餐前摆台准备中应注意的问题有哪些。

一位翻译带领几位德国客人走进了西安某三星级饭店的中餐厅。入座后，服务员开始让他们点菜。客人要了一些菜，还要了啤酒、矿泉水等饮料。突然，一位客人发出诧异的声音。原来他的啤酒杯有一道裂缝，啤酒顺着裂缝流到了桌子上。翻译急忙让服务员过来换杯。另一位客人用手指着眼前的小碟子让服务员看，原来小碟子上有一个缺口。翻译赶忙检查了一遍桌上的餐具，发现碗、碟、瓷勺、啤酒杯等物均有不同程度的损坏，上面都有裂痕、缺口和瑕疵。

翻译站起身把服务员叫到一旁说："这里的餐具怎么都有毛病？这可会影响外宾的情绪啊！"

"这批餐具早就该换了，最近太忙还没来得及更换。您看其他桌上的餐具也有毛病。"服务员红着脸解释着。

"这可不是理由啊！难道这么大的饭店连几套像样的餐具都找不出来吗?"翻译有点火了。

"您别着急，我马上给您换新的餐具。"服务员急忙改口。翻译和外宾交谈后又对服务员说道："请你最好给我们换个地方，我的客人对这里的环境不太满意。"

经与餐厅经理商洽，最后将这几位客人安排在小宴会厅用餐，餐具也使用质量好的，并根据客人的要求摆上了刀叉。望着桌上精美的餐具，喝着可口的啤酒，这几位宾客终于露出了笑容。

实训项目八：中餐宴会摆台

一、实训安排

实训项目	中餐宴会摆台
实训时间	3 学时
实训目的	使学员了解中餐宴会摆台的步骤和方法
实训要求	(1) 摆台餐具按 10 人标准台 (2) 餐具轻拿轻放，不落地不碰撞 (3) 确保"三线七中心"不出现偏差
实训方法	讲解与示范相结合，学员操作练习

二、实训准备

10 人标准台（直径 200～220 厘米）一张，玻璃转盘（直径 90 厘米）一个，餐椅十把，台布一张，摆台托盘两个，折花托盘一个，中餐餐具若干套，红酒杯、白酒杯、饮料杯若干套，水杯、即位牙签各两副。

三、实训操作流程

四、实训操作规范

步　骤	主要操作内容
摆骨碟	(1) 碟边距离桌边 1.5 厘米，碟中店徽等图案要正对客人 (2) 餐盘之间距离相等（圆心距离）
摆味碟	味碟距离骨碟正上方 1 厘米
摆汤碗	汤碗放在味碟左侧，碗边距味碟 2 厘米
摆汤匙	汤匙放置汤碗中心，汤柄方向朝左
摆筷架	将筷架摆在骨碟左上方，中心与味碟、汤碗中心成一条线
摆筷子	筷子末端距离桌边 1.5 厘米
摆三杯	先摆红葡萄酒杯，再摆白酒杯，最后摆饮料杯，三杯边沿之间距离 1 厘米，三杯中心成一直线
摆公用餐具	在主人位与副主人位前方距红葡萄酒标 3 厘米，摆放龙头筷架，架上各放一付公筷，银匙；筷子手持端向右柄银匙向右
摆即位牙签	牙签放在每位右侧，距银匙右侧 1 厘米，牙签末端与骨碟、筷套、银匙平行，牙签店标朝上
摆烟灰缸	在主位右上方约 45 度处和副主人位右上方约 45 度处分别放置烟灰缸，火柴或打火机架放在烟灰缸边沿，店标朝向主人与副主人
摆菜单	宴会菜单打开呈直角状，立放于正、副主位的酒杯前
摆餐巾折花	餐巾折花放骨碟上，观赏面朝客人
摆毛巾碟	毛巾碟放客人左手位置

续表

步 骤	主 要 操 作 内 容
摆花瓶	花瓶放转盘中心，使餐桌相对台位的骨碟、味碟、红葡萄酒杯、花瓶七个中心在一条直线上
拉椅定位	将椅子拉至用餐位置上，餐椅前端与台布下垂部分自然接触

五、服务要点

服务要点	规 范 动 作	原 因
动作要求	左手托盘，右手从托盘上一一拿餐具。以大拇指、食指和中指持餐具的下半部分，盘子持盘边沿，碗持碗沿，杯子持杯柄或下半部分。餐具如有店标，店标要正面朝向客人位置。摆台时左手托盘注意不要位于座椅上方	保证餐具卫生。托盘要位于座椅外侧，以免碰到客人
餐具间距控制	可以指测和目测控制。指测可以大拇指、食指和中指的粗细在摆餐具的同时进行测量	指测可精确定位
整体间距和中心对齐控制	各套餐具要平均分布于圆桌。可利用目测台布折线和中心点，以第一个骨碟的摆放定位，来控制各套餐具位置间的均匀距离，以达到桌面整体的良好效果	通过骨碟的准确摆放，可保证最后所有餐具的摆放效果，不至于出现有的位置挤，有的位置宽的情况

六、服务过程中容易出现的问题及解决途径

易出现的问题	解 决 途 径
持拿餐具的手势错误，手指碰触餐具接触食物的部分，如汤匙底部、盘子中心等	加强学员培训，让学员熟记全套中餐宴会餐具，并通过多次练习达到熟练、准确地完成全套中餐宴会摆台程序
没注意餐具上的店标，店标方向没有向着客人位	
骨碟、味碟、红葡萄酒杯三个中心不在一条线上	
三杯没有三个中心一线，且三杯中心线没有垂直于桌面圆心线	
餐具间距不均匀，或大或小	
记不清全套餐具数量，少摆或多摆餐具	

七、考核测试

中餐宴会摆台实训考评表

组别：__________ 姓名：__________ 得分：__________

项 目	要求和评分标准	分数	扣分
摆台布	动作利索一次铺成 台布中心凸缝折痕向上 且对准正、副主位，下垂四角均称	5	
摆转盘	居中摆在台面正中央	3	
摆骨碟	定位均匀，碟与碟间距均等 骨碟边缘距桌边 1.5 厘米 餐桌中心与相对两个餐位三点一线	10	

续表

项　目	要求和评分标准	分数	扣分
摆汤碗、味碟	味碟距离骨碟正上方1厘米 汤碗放在味碟左侧，碗边距味碟2厘米 汤匙放置汤碗中心，汤柄方向朝左	10	
摆筷架、筷子	将筷架摆在骨碟左上方，中心与味碟、汤碗中心成一条线，筷子尾端距桌边1.5厘米	5	
摆酒杯	先摆红葡萄酒杯，再摆白酒杯，最后摆饮料杯，三杯边沿之间距离1厘米，三杯中心成一直线	10	
摆口布折花	口布折花放骨碟上，观赏面朝客人，口布边朝台中心 巾花造型美观、挺拔、不松散，整体效果好	10	
摆牙签	牙签放在每位右侧，距银匙右侧1厘米，牙签末端与骨碟、筷套、银匙平行，牙签店标朝上	5	
摆公用餐具	在主人位与副主人位前方距红葡萄酒标3厘米，摆放龙头筷架，架上各放一副公筷，银匙；筷子手持端向右柄银匙向右 烟缸在主位右上方约45度处和副主位右上方约45度分别放置烟缸处，火架放在烟缸边沿，店标朝向主人与副主人	2	
拉　椅	餐椅正对骨碟中心，间距均等 餐椅前端与台布下垂部分自然接触	5	
效　果	整体效果好，清洁、卫生 各餐位餐具布置紧凑、均匀、对称、美观	5	
斟　酒	从主宾位开始，然后按顺时针方向依次进行 先斟红酒后斟烈酒，红酒五分满、烈酒八分满 斟酒时，手握酒瓶下半部，商标朝向客人 倒酒时绕开餐椅，每倒完一杯用口布擦拭瓶口 滴洒每滴扣0.5分，溢出每小滩扣1分	20	
动　作	不轻拿轻放，视噪音大小扣1～2分 餐具掉地、漏摆一件餐具、漏折一个巾花，漏斟一杯酒，分别扣除1分，扣完该项分为止	10	

注：时间要求5分钟，每超过10秒扣5分（不包括斟酒时间）。

考核时间：　　　　年　　月　　日　　　　　　　考评师（签名）：__________

八、讨论题

1. 中餐宴会摆台的餐具有哪些？
2. 中餐宴会摆台和零点摆台的餐具差别。
3. 中餐宴会摆台中，有哪几个中心点应成一直线？
4. 你认为中餐宴会摆台的难点有哪些？

实训项目九：西餐席位安排

西餐的位置排列与中餐有相当大的区别，中餐多使用圆桌，而西餐一般都使用长桌。西餐席位安排原则：

（1）恭敬主宾。在西餐中，主宾极受尊重。在排定位次时，应请男、女主宾分别紧靠着女主人和男主人就座，以便进一步受到照顾。

（2）女士优先。在排定用餐位次时，主位一般应请女主人就座，而男主人则须退居第二主位。

（3）以右为尊。在排定位次时，以右为尊是基本原则。例如，应安排男主宾坐在女主人右侧，女主宾坐在男主人右侧。

（4）面门为上。指的是面对餐厅正门的位子，通常在序列上要高于背对餐厅正门的位子。

（5）距离定位。一般来说，西餐桌上位次的尊卑，往往与其距离主位的远近密切相关。在通常情况下，离主位近的位子高于距主位远的位子。同一桌上席位的高低也是依距离主人座位的远近而定。

（6）靠墙为尊。如果男女二人同去餐厅，男士应请女士坐在自己的右边，还得注意不可让她坐在人来人往的过道边。若只有一个靠墙的位置，应请女士就座，男士坐在她的对面。如果是两对夫妻就餐，夫人们应坐在靠墙的位置上，先生则坐在各自夫人的对面。如果两位男士陪同一位女士进餐，女士应坐在两位男士的中间。如果两位同性进餐，那么靠墙的位置应让给其中的年长者。

（7）交叉排列。用中餐时，用餐者经常可能与熟人，尤其是与其恋人、配偶在一起就座，但在用西餐时，这种情景便不复存在了。商界人士所出席的正式的西餐宴会，在排列位次时，要遵守交叉排列的原则。依照这一原则，男女应当交叉排列，即使是夫妻也是如此。生人与熟人也应当交叉排列。因此，一个用餐者的对面和两侧，往往是异性，而且还有可能与其不熟悉。这种排座的目的是促进人们的社会交往。

案例：有一天，西餐厅来了两位衣着非常华丽的女客人，迎宾员从迎接时的对话中觉得她们少言寡语，应该是喜爱安静不想受人打扰的客人类型。于是把她们带到了不显眼靠近角落的小桌子。点菜后不久，顾客便开始催菜，语气生硬而且很不耐烦。上菜后客人又说菜太咸要求厨房重新加工。服务员注意到了这两位顾客比较挑剔，就耐心地上前为她们服务。两位顾客对服务员抱怨座位太脏，桌子太旧，灯光也暗淡，菜也不新鲜。最后，客人很不满意地离开，餐厅的员工们很纳闷：这是怎么了？为什么这两位客人的意见如此多？

分析：这是出现在迎宾和席位安排这个服务环节中的一个问题。从两位顾客的种种要求来看，她们是希望被人重视的人。穿着华丽，说明她们很希望得到别人的关注。这样的顾客，在领位时建议带到餐厅中光线较亮的地方，让顾客从心理上感觉受到别人的关注。

一、实训安排

实训项目	西餐席位安排
实训时间	1 学时
实训目的	使学员了解西餐席位安排的步骤和方法
实训要求	(1) 主宾位置安排有序 (2) 座椅摆放均匀，离桌间距相等 (3) 引宾入座言语礼貌到位，拉椅动作快捷
实训方法	讲解与示范相结合，学员操作练习

二、实训准备

座位牌、四人座方桌、多人座长方桌、餐椅若干。

三、实训操作流程

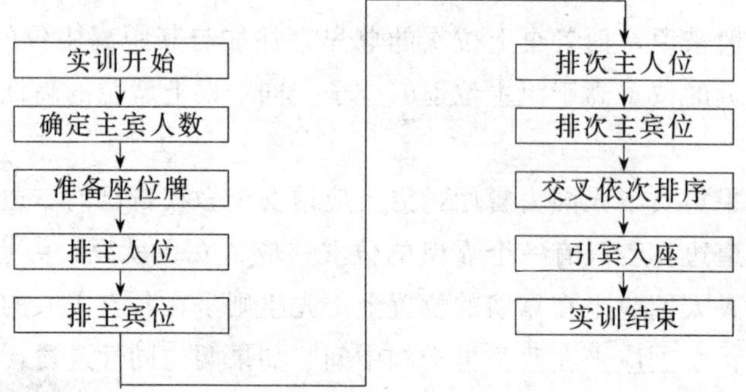

四、实训操作规范

项　目	主 要 操 作 内 容
长　桌	以长桌排位，一般有两个办法：一是男女主人在长桌中央对面而坐，餐桌两端可以坐人，也可以不坐人；二是男女主人分别就座于长桌两端。某些时候，如用餐者人数较多时，还可以把长桌拼成其他图案，以便安排大家一道用餐 (1) 每张桌上一个主位的排列方法。每张餐桌上只有一个主人，主宾在其右首就座，形成一个谈话中心。如图： 主人 1　2 3　4 5　6 7　8 (2) 每张桌上有两个主位的排列方法。如主人夫妇就座于同一桌，以女主人为第一主人，男主人为第二主人，主宾和主宾夫人分别坐在男女主人右侧，桌上形成了两个谈话中心。如图：

续表

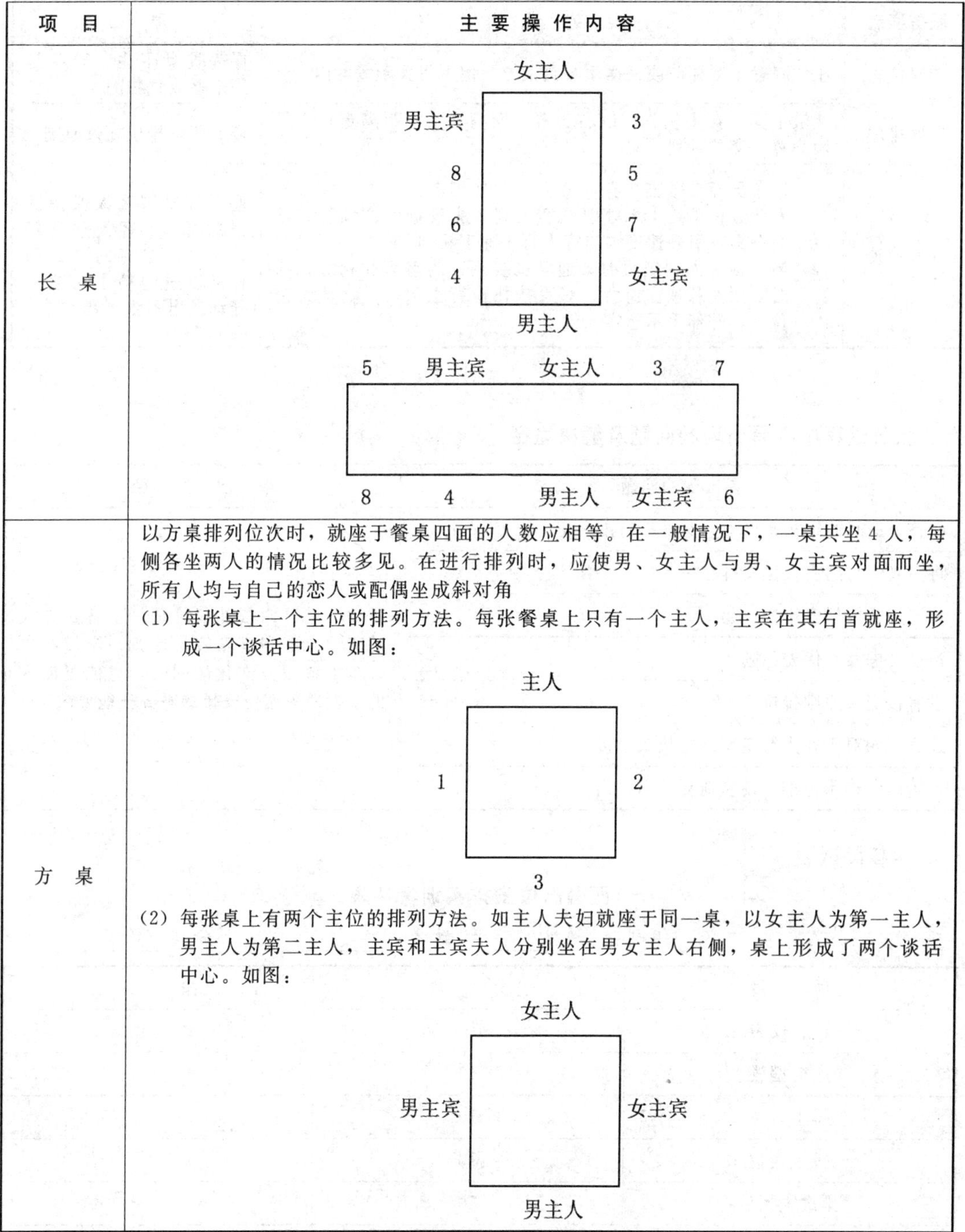

项　目	主要操作内容
长　桌	女主人 男主宾　3 8　5 6　7 4　女主宾 男主人 5　男主宾　女主人　3　7 8　4　男主人　女主宾　6
方　桌	以方桌排列位次时，就座于餐桌四面的人数应相等。在一般情况下，一桌共坐4人，每侧各坐两人的情况比较多见。在进行排列时，应使男、女主人与男、女主宾对面而坐，所有人均与自己的恋人或配偶坐成斜对角 (1) 每张桌上一个主位的排列方法。每张餐桌上只有一个主人，主宾在其右首就座，形成一个谈话中心。如图： 主人 1　2 3 (2) 每张桌上有两个主位的排列方法。如主人夫妇就座于同一桌，以女主人为第一主人，男主人为第二主人，主宾和主宾夫人分别坐在男女主人右侧，桌上形成了两个谈话中心。如图： 女主人 男主宾　女主宾 男主人

五、服务要点

服务要点	规　范　动　作	原　因
座位牌准备	座位牌一般为长方形，上面横向书写文字。遇到主宾为不同国家的，座位牌要同时写上双方国家文字。座位牌上方写主人或主办者国家文字，下方写宾客国家文字（相互对照）	为主宾提供方便，可快速就坐，也表示对宾客的尊重

续表

服务要点	规 范 动 作	原 因
放座位牌	座位牌置于酒杯前或平摆于餐具上方，但不得置于餐盘内	保持餐盘卫生。餐盘是用来盛放食物的
座席排序	恭敬主宾、女士优先、以右为尊、面门为上、距离定位、靠墙为尊、交叉排列	遵循西餐排位礼仪原则
迎宾拉椅	(1) 迎宾员面带微笑，身体微倾，并使用敬语，走在客人的右前方相距约1米处引领客人到事先安排的或预想安排的餐桌，引领速度须与客人行走速度相同 (2) 当引领客人到餐桌时，迎宾员要逐一为客人拉椅。拉椅时要用左膝顶住椅背，双手扶住椅背上部，平稳地将椅拉出，并伸手示意客人就坐	迎领时要与客人保持适当距离，令客人感到舒适安全。拉椅的这种动作可以避免椅子在地上拖动发出不雅声音

六、服务过程中容易出现的问题及解决途径

易出现的问题	解 决 途 径
在整个房间的结构布局中，错误指定主人位	对学员进行西餐礼仪培训，了解西方人的交际习俗和座席安排原则。学员在进一步了解西方文化的同时，也能更深入的掌握西餐席位安排的服务技能要求
将主人位与副主人位安排在一起	
将夫妇或情侣安排在一起	
没有考虑女士优先原则	
没有按交叉原则排位	
迎宾时相对于客人行走速度过快或过慢	
拉椅时动作不标准，使座椅在地面发出拖地声	

七、考核测试

西餐席位安排实训考评表

组别：________ 姓名：________ 得分：________

项 目	分 数	扣 分
仪容仪表	10	
座椅摆放	10	
排主人位	10	
排主宾位	10	
排次主人位	10	
排次主宾位	10	
其他宾客交叉排位	10	
引宾语言	10	
引宾动作	10	
总体印象	10	

注：确定不同人数的主人与宾客人数，让学生临场表现座次安排方法。

考核时间：　　　　年　　月　　日　　　　　　　　考评师（签名）：__________

八、讨论题

1. 西餐席位安排中，只有一位主人的情况下，主宾位置应如何安排？

2. 西餐席位安排中，有两个主人的情况下，这两个主人位应如何安排？如果是男女主人，那么第一主人位应安排谁就坐？

3. 西餐席位安排的原则有哪些？

4. 为什么西餐席位安排中要遵循“交叉排列”原则？

5. 中西餐的席位安排有哪些不同？

实训项目十：欧陆式早餐摆台

欧陆式早餐是以简洁、方便为其主要特点，往往只有面包、果酱、黄油、果汁和咖啡或红茶组成。食品花样虽然简单，但摆放在餐台上的餐具同样要注意合理分布，美观大方，给客人创造一个明快、清爽的用餐环境。

一、实训安排

实训项目	欧陆式早餐摆台
实训时间	1学时
实训目的	使学员掌握欧陆式早餐摆台的步骤与方法
实训要求	(1) 摆台操作要卫生 (2) 动作轻巧无噪声，餐具摆放位置适当 (3) 整体布局要美观、大方
实训方法	讲解与示范相结合，学员操作练习

二、实训准备

早餐纸、面包盘、黄油刀、咖啡杯具、餐巾、面包篮、早餐包若干，花瓶、胡椒瓶、盐瓶各一。

三、实训操作流程

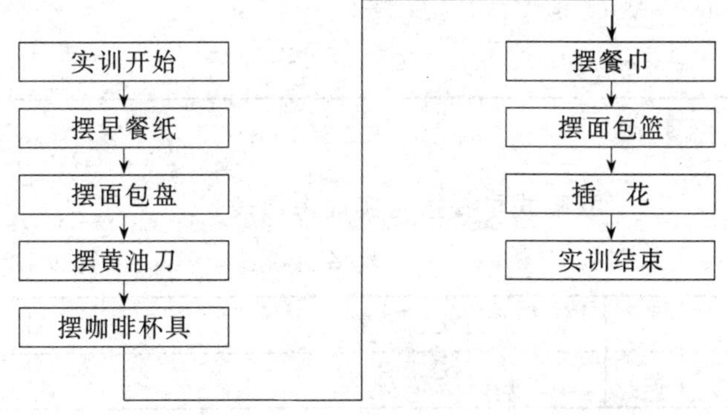

四、实训操作规范

步　骤	主 要 操 作 内 容
摆早餐纸	要摆放在餐位的正前方位置，端正，整洁
摆面包盘	面包盘摆放在早餐纸的左侧，距餐台边缘3厘米处
摆黄油刀	黄油刀架放在面包盘的右侧边缘处，刀刃向左。拿放黄油刀时手不可触摸刀刃部位
摆咖啡杯具	咖啡杯摆放在早餐纸的右侧，距餐台边缘3厘米处，咖啡勺架在咖啡碟上与咖啡杯把平行
摆餐巾	折叠好的餐巾摆放在餐位前的早餐纸上，在咖啡杯与面包盘的中间位置
摆面包篮	面包篮要摆放在面包盘的上方约2厘米处，面包篮中应摆放不少于三种花色、口味的早餐包

五、服务要点

服务要点	规 范 动 作	原 因
动作要求	左手托盘，右手从托盘上一一拿餐具。以大拇指、食指和中指持刀叉的下半部分，盘子持盘边沿，杯子持杯柄或下半部分。餐具如有店标，店标要正面朝向客人位置。摆台时左手托盘注意不要位于座椅上方	保证餐具卫生。托盘要位于座椅外侧，以免碰到客人
餐具间距控制	可以指测和目测控制。指测可以大拇指、食指和中指的粗细在摆餐具的同时进行测量	指测可精确定位
整体间距控制	利用目测台布折线或花纹，以第一个展示盘的摆放位置，来控制桌面整体的效果	通过展示盘的准确摆放，可保证最后所有餐具的摆放效果，不至于出现有的位置挤，有的位置宽的情况

六、服务过程中容易出现的问题及解决途径

易出现的问题	解 决 途 径
不明白西餐用餐的礼仪习惯，出现刀叉位置左右颠倒的错误	加强学员培训，要让学员熟悉西餐的用餐餐仪与习惯，学会分辨各种西餐餐具的特点和使用方法，掌握标准的西餐摆台技能
没注意餐具上的店标，店标方向没有向着客人位	
黄油刀放在面包盘中间	
咖啡杯放在早餐纸左侧	
餐具间距不均匀，或大或小	
记不清全套餐具数量，少摆或多摆餐具	

七、考核测试

欧陆式早餐摆台实训考评表

组别：__________　姓名：__________　得分：__________

项　目	分　数	扣　分
摆早餐纸	15	

续表

项　　目	分　　数	扣　　分
摆面包盘	15	
摆黄油刀	15	
摆咖啡杯具	15	
摆口布	15	
摆面包篮	5	
插　花	10	
总体印象	10	

注：时间要求40秒，每超过5秒扣5分。

考核时间：　　　　年　　月　　日　　　　　　　考评师（签名）：＿＿＿＿

八、讨论题

1. 欧陆式早餐摆台所需餐具有哪些？

2. 西餐摆台中具刀刀刃的方向应向哪边？为什么？

3. 为什么黄油刀要架放在面包盘的右侧边缘处，而不是中间？

4. 咖啡杯柄和咖啡勺柄的方向应往哪边？

5. 请说说西餐餐具的持拿指法要求。

实训项目十一：西餐午餐摆台

西餐的午餐台一般均按便餐的形式配备和摆放餐具，因此，也可称做西式便餐台。西餐中酒、菜的搭配极受重视。西式便餐台上的餐具虽然可以简化，但不同类型的酒杯是绝不可缺少的。

一、实训安排

实训项目	西餐午餐摆台
实训时间	1学时
实训目的	使学员掌握西餐午餐摆台的步骤与方法
实训要求	(1) 与欧陆式早餐摆台的要求区别并不大，但是西餐午餐摆台中的卫生操作却是其特点之一，餐具、杯具上绝不可留有一丝手印 (2) 餐具摆放时要轻拿轻放，西餐多用金属餐具，相互撞碰会产生很大的噪声 (3) 餐具摆放的位置要适当，整体效果要美观大方
实训方法	讲解与示范相结合，学员操作练习

二、实训准备

台布、方台、展示盘、餐巾、主餐刀、汤勺、主餐叉、面包盘、黄油刀、面包盘、红葡萄酒杯、水杯、白葡萄酒杯若干，花瓶一只。

三、实训操作流程

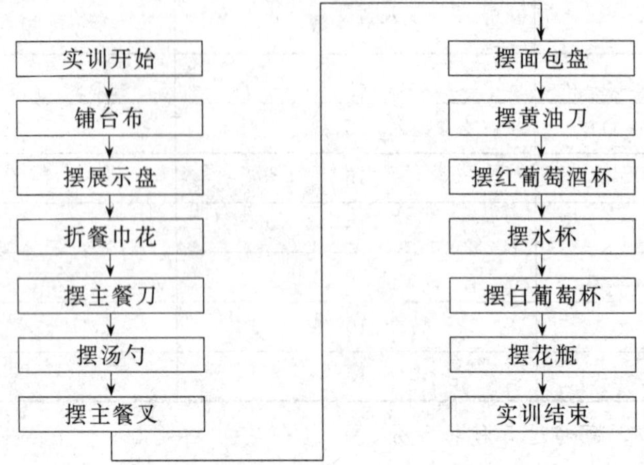

四、实训操作规范

步　骤	主 要 操 作 内 容
铺台布	餐台台布铺放要端正，四边下垂均匀，餐台、餐椅完好无损
摆展示盘	展示盘摆放在餐位的正前方，距餐台边缘 2 厘米处。展示盘上如有店徽或图案，则店徽或图案必须保持在正上方的位置
折餐巾花	将折叠好的餐巾花摆放在展示盘的正中位置。口布折花造型要美观，口布颜色统一完好，卫生洁净
摆主餐刀	展示盘的右侧摆放主餐刀，主餐刀距展示盘 1 厘米，餐刀刀刃向左，柄端距餐台边缘为 2 厘米
摆汤勺	汤勺摆放在主餐刀的右侧，与餐刀相距 1 厘米，汤勺柄端与主餐刀柄端平齐，且相平行
摆主餐叉	展示盘的左侧 1 厘米处摆放主餐叉，叉柄端距餐台边缘为 2 厘米，餐叉与餐刀相平行
摆面包盘	面包盘摆放在主餐叉的左侧 3 厘米处，距餐台边缘 5 厘米处
摆黄油刀	黄油刀架放在面包盘的右侧边缘，刀刃向左侧
摆三杯	红葡萄酒杯摆放在主餐刀前上方约 2 厘米处。水杯摆放在红葡萄酒杯的斜上方约 1 厘米处。白葡萄酒杯摆放在红葡萄酒杯的斜下方 1 厘米处。三个杯与餐台边缘呈 45 度斜角，同处一直线上
摆花瓶	餐台中央摆放花瓶。餐台上所有餐具摆放要均匀、对称

五、服务要点

服务要点	规　范　动　作	原　因
动作要求	左手托盘，右手从托盘上一一拿餐具。以大拇指、食指和中指持刀叉的下半部分，盘子持盘边沿，杯子持杯柄或下半部分。餐具如有店标，店标要正面朝向客人位置。摆台时左手托盘注意不要位于座椅上方	保证餐具卫生。托盘要位于座椅外侧，以免碰到客人

续表

服务要点	规　范　动　作	原　因
餐具间距控制	可以指测和目测控制。指测可以大拇指、食指和中指的粗细在摆餐具的同时进行测量	指测可精确定位
整体间距控制	利用目测台布折线或花纹，以第一个展示盘的摆放位置，来控制桌面整体的效果	通过展示盘的准确摆放，可保证最后所有餐具的摆放效果，不至于出现有的位置挤，有的位置宽的情况

六、服务过程中容易出现的问题及解决途径

易出现的问题	解　决　途　径
不明白西餐用餐的礼仪习惯，出现刀叉位置左右颠倒的错误	加强学员培训，要让学员熟悉西餐的用餐餐仪与习惯，学会分辨各种西餐餐具的特点和使用方法，掌握标准的西餐摆台技能
没注意餐具上的店标，店标方向没有向着客人位	
分不清三杯的区别从而摆错位置	
餐具间距不均匀，或大或小	
记不清全套餐具数量，少摆或多摆餐具	

七、考核测试

西餐午餐摆台实训考评表

组别：__________　姓名：__________　得分：__________

项　　目	分　　数	扣　　分
摆展示盘	5	
摆主餐刀	10	
摆汤勺	10	
摆主餐叉	10	
摆面包盘	10	
摆黄油刀	10	
摆红葡萄酒杯	10	
摆水杯	10	
摆白葡萄酒杯	10	
摆花瓶	5	
总体印象	10	

注：时间要求 60 秒，每超过 5 秒扣 5 分

考核时间：　　　　年　　月　　日　　　　　　考评师（签名）：__________

八、讨论题

1. 西餐午餐摆台的餐具有哪些？

2. 西餐午餐摆台与欧陆式早餐摆台的餐具有哪些不同？

3. 除了本书所讲，西餐午餐摆台中三杯的摆法还可以有哪几种？

4. 西餐午餐摆台餐具的摆放顺序如何？

实训项目十二：西餐宴会摆台

晚宴在西餐中一般被称做正餐，是西方人一日中最为看重的一餐，与中餐服务中的宴会接待一样，它既重视菜肴制作和出品时的色、香、味、形，又对与菜肴相配用的餐具有着极严谨的规范。

一、实训安排

实训项目	西餐宴会摆台
实训时间	3学时
实训目的	使学员掌握西餐宴会摆台的步骤与方法
实训要求	(1) 所有餐具的选择必须与菜肴相匹配 (2) 餐具确保洁净完好 (3) 摆台操作动作要轻盈灵巧 (4) 餐具摆放合理、有序 (5) 餐台整体效果美观、大方
实训方法	讲解与示范相结合，学员操作练习

二、实训准备

西餐餐具与酒具若干套，折花插盘若干，烛台、盐瓶、胡椒瓶、牙签盅各二个，鲜花。

三、实训操作流程

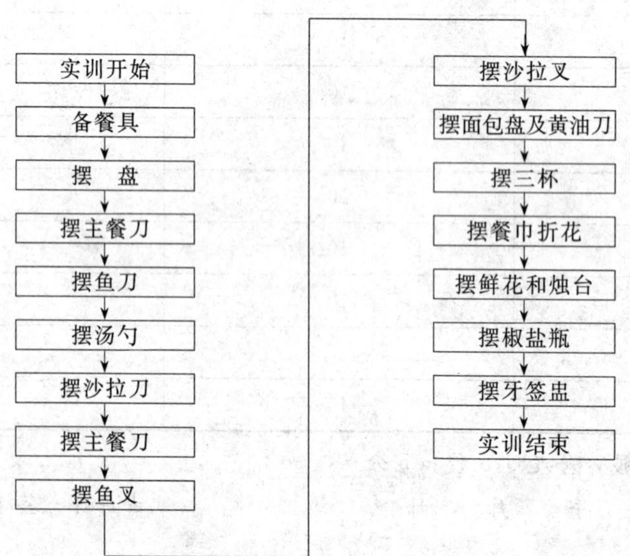

四、实训操作规范

步骤	主要操作内容
备餐具	根据宴会菜单的要求，选用和摆放相应的餐具。一般在开餐前餐台上摆放餐具不可超过三套
摆盘	展示盘摆放在餐位的正前方的位置，盘边距餐台边距离为 2 厘米。盘中的图案或店徽标志应正对餐位
摆刀具	展示盘的右侧，从左向右依次摆放主餐刀、鱼刀、汤勺、沙拉刀。鱼刀刀柄距餐台边缘 5 厘米，其他餐具的柄距餐台边缘 2 厘米。各种刀的刀刃一律向左，刀、勺柄要平行且垂直于餐台的边缘。各种餐具应保持有 1 厘米的间隙
摆叉具	展示盘的右侧，从左向右依次摆放主餐叉、鱼叉、沙拉叉。鱼叉叉柄距餐台边缘 5 厘米，其他餐具的柄距餐台边缘 2 厘米。各种刀的刀刃一律向左，三把叉必须保持平行，垂直于餐台的边缘。各种餐具应保持有 1 厘米的间隙
摆面包盘及黄油刀	面包盘应摆放在沙拉叉左侧 2 厘米处，盘边距餐台边缘为 5 厘米。黄油刀架放在面包盘的右侧边缘，与沙拉叉保持平行，刀刃向左
摆三杯	主餐刀尖上方 3 厘米处摆放红葡萄酒杯。水杯摆放在约葡萄酒杯的左上方。三种杯呈一斜线与餐台边缘形成 45 度角。杯口间的间隙为 1.5 厘米
摆餐巾折花	展示盘中央摆放造型美观、大方的餐巾折花
摆鲜花和蜡台	餐台中央摆放鲜花和蜡烛台。蜡烛台的数量可视餐台大小而定，一般四人一个蜡烛台
摆椒盐瓶及牙签盅	椒盐瓶和牙签盅分别摆放在餐台中央靠近蜡烛台处

五、服务要点

服务要点	规范动作	原因
动作要求	左手托盘，右手从托盘上一一拿餐具。以大拇指、食指和中指持刀叉的下半部分，盘子持盘边沿，碗持碗沿，杯子持杯柄或下半部分。摆台时左手托盘注意不要位于座椅上方	保证餐具卫生。托盘要位于座椅外侧，以免碰到客人
餐具间距控制	可以指测和目测控制。指测可以大拇指、食指和中指的粗细在摆餐具的同时进行测量	指测可精确定位
整体间距控制	利用目测台布折线或花纹，以第一个展示盘的摆放位置，来控制桌面整体的效果	通过展示盘的准确摆放，可保证最后所有餐具的摆放效果，不至于出现有的位置挤，有的位置宽的情况

六、服务过程中容易出现的问题及解决途径

易出现的问题	解决途径
不明白西餐用餐的礼仪习惯，出现刀叉位置左右颠倒的错误	加强学员培训，要让学员熟悉西餐的用餐餐仪与习惯，学会分辨各种西餐餐具的特点和使用方法，掌握标准的西餐摆台技能
分不清不同餐刀的区别	
分不清不同餐叉的区别	
餐具间距不均匀，或大或小	
记不清全套餐具数量，少摆或多摆餐具	

七、考核测试

西餐宴会摆台实训考评表

组别：________ 姓名：________ 得分：________

<table>
<tr><th>项　目</th><th colspan="2">考　核　内　容</th><th>分数</th><th>扣分</th></tr>
<tr><td rowspan="28">摆餐具</td><td colspan="2">物品不能事先摆放在长盘上</td><td>2</td><td></td></tr>
<tr><td rowspan="2">拉椅定位</td><td>椅子之间距离基本相等</td><td>3</td><td></td></tr>
<tr><td>椅与下垂台布距离 1 厘米</td><td>3</td><td></td></tr>
<tr><td rowspan="2">摆　盘</td><td>展示盘摆放在餐位正前方方向一致</td><td>3</td><td></td></tr>
<tr><td>盘距餐台边 2 厘米</td><td>3</td><td></td></tr>
<tr><td rowspan="3">摆主餐刀</td><td>放在展示盘的右侧，刀叉向左</td><td>3</td><td></td></tr>
<tr><td>从左向右依摆放主餐刀，且重垂直</td><td>3</td><td></td></tr>
<tr><td>刀柄距餐台边缘 2 厘米</td><td>3</td><td></td></tr>
<tr><td rowspan="2">摆 鱼 刀</td><td>放在主餐刀右侧，且距离 1 厘米，刀刃向左</td><td>3</td><td></td></tr>
<tr><td>刀柄距餐台边缘为 5 厘米且垂直</td><td>3</td><td></td></tr>
<tr><td rowspan="2">摆 汤 勺</td><td>放在距离鱼刀 1 厘米处</td><td>3</td><td></td></tr>
<tr><td>勺柄距餐台边缘 2 厘米且垂直</td><td>3</td><td></td></tr>
<tr><td rowspan="2">沙 拉 刀</td><td>放在距汤勺 1 厘米处，刀刃向左</td><td>3</td><td></td></tr>
<tr><td>刀桶距餐台边缘为 2 厘米且垂直</td><td>3</td><td></td></tr>
<tr><td rowspan="2">摆主餐叉</td><td>放在展示盘左侧</td><td>3</td><td></td></tr>
<tr><td>刀桶距餐台边缘为 2 厘米且垂直</td><td>3</td><td></td></tr>
<tr><td rowspan="2">摆 鱼 叉</td><td>摆放在主餐台后 1 厘米处</td><td>3</td><td></td></tr>
<tr><td>沙拉刀距餐台边缘 2 厘米且垂直边缘</td><td>3</td><td></td></tr>
<tr><td rowspan="2">摆沙拉叉</td><td>摆放在距台面 1 厘米处</td><td>3</td><td></td></tr>
<tr><td>沙拉叉距餐台边缘 2 厘米且垂直边缘</td><td>3</td><td></td></tr>
<tr><td rowspan="4">摆面包盘及黄油刀</td><td>面包盘摆放距沙拉叉左侧 2 厘米处</td><td>3</td><td></td></tr>
<tr><td>盘边距餐台边缘 5 厘米</td><td>3</td><td></td></tr>
<tr><td>黄油刀架放在面包盘右侧边缘</td><td>1</td><td></td></tr>
<tr><td>黄油刀与沙拉叉平行，是刀刃向左</td><td>1</td><td></td></tr>
<tr><td rowspan="3">摆酒杯</td><td rowspan="3">摆 三 杯</td><td>酒杯拿下半部，不碰杯口</td><td>1</td><td></td></tr>
<tr><td>红葡萄酒杯距主餐刀上方 3 厘米，白葡萄酒杯放置红葡萄酒杯右上方，水杯摆放在红葡萄酒杯的左下方，三种杯呈一斜线与餐台边缘成 45 度角</td><td>3</td><td></td></tr>
<tr><td>杯子间隙为 1.5 厘米</td><td>3</td><td></td></tr>
</table>

续表

项　目	考 核 内 容	分数	扣分
餐巾折花	12种以上放在展示盘中央	3	
花　瓶	花瓶摆放在台布中线	1	
烛　台	蜡烛台位置在中凸线	1	
	离花瓶位置2厘米	3	
	两个烛台方向一致	1	
牙签杯	位置离烛台10厘米	3	
椒盐瓶	平行摆在牙签杯旁	1	
烟灰缸、火柴	烟灰缸在中线，方向一致	1	
	烟灰缸位于在椒盐中线	1	
	火柴在烟缸上方，外侧是商标，向上朝客人方向	1	
总体印象		10	

注：时间要求2分30秒，每超过10秒扣5分

考核时间：　　　年　　　月　　　日　　　　　　考评师（签名）：＿＿＿＿

八、讨论题

1. 西餐宴会摆台的餐具有哪些？
2. 西餐宴会摆台的餐具摆放顺序要求如何？
3. 为什么西餐摆台时，餐刀是放右边，餐叉是放左边？
4. 主餐刀、鱼刀和沙拉刀如何区分？
5. 主餐叉、鱼叉和沙拉叉如何区分？

第五节　斟倒酒水实训

案例：一天晚上，酒店的餐厅来了几位客人。在点菜时，实习服务员小张很热心地向客人推荐餐厅特色茶花鸡，客人欣然接受。当茶花鸡上桌时，小张又热情地向客人介绍本餐厅其他特色食品，在座的客人非常满意小张的服务。在客人们津津有味地品尝茶花鸡时，小张看到一位客人的酒杯已喝到只剩三分之一，就走近他说："对不起，先生，给您添一下酒好吗？"此时客人正拿着酒杯饮酒，见状急忙放下酒杯。等到小张添完酒水，他对小张点头微笑表示感谢。另一位客人过来找这位客人喝酒。当两人干完第一杯酒后正凑在一起说话时，小张过来说："对不起，先生，给二位斟酒。"两位客人不约而同地向两边闪，小张麻利地为两人斟满酒，两人又干了一杯，然后又凑在一起说话，小张又不失时机地上前说："对不起，先生，给二位斟酒。"此时第一位客人突然对着小张大声怒吼道："没看到我们正说着话的吗？你烦不烦啊。"服务员小张一脸茫然，不知道该怎么办才好。

分析：随着社会的不断进步，生活质量的提高，顾客对服务质量的要求也越来越挑剔。

中国服务行业近几年来也不断地思考着如何提高服务质量，以吸引更多的国内外客人。大多数酒店的餐厅制定了一系列的服务规程和规范来确保酒店服务质量。例如大多数酒店的餐厅服务规程明确规定：当客人杯中酒水不足三分之一时应及时添到八分满。这一类规定对保证酒店的服务质量有一定的作用，但关键是酒店服务应以不打扰客人为原则，否则服务规程就显得毫无意义。有的酒店和服务员在执行规程的过程中，一味追求执行规程的规范性，忽视了酒店服务的基本原则，没有顾及客人的个性需求和在一些特殊情况下服务的灵活性。本案例中的小张严格按照酒店的服务规程为客人提供服务，最终却导致客人的怒吼，应该引起所有酒店从业人员的深思。不可否认，案例中的服务员小张的服务态度和服务礼仪、服务规范都做得不错，但她的错误就在于其服务非但没有给客人们带来舒适和享受的感觉，反而使客人生气。服务员小张在斟酒服务时，应该等待客人谈话告一段落后再倒酒，才会使客人满意。本案例充分说明，酒店在提供规范化服务的同时，更应该注意顾及客人的个性需要而要求服务员灵活应变。

实训项目十三：斟倒饮料

斟倒饮料是餐厅服务员的基本技能之一。斟倒饮料不仅是服务的过程，还是向客人展示服务技巧的过程。服务员需要具备良好的基本功、稳定的心态和热情、诚恳的服务态度。只有这样才能给用餐客人留下良好的最初印象。

案例：有一天天气炎热，餐厅来了一桌客人，一坐下因为口渴，便急急先点了可乐，让服务员先将可乐斟上。服务员小王飞快地拿来了大瓶的可乐，开了盖便向最近的客人走去。小王知道客人们急需饮料补水解渴，也想尽快为所有客人都斟上可乐，于是比平时斟倒的速度快了许多。没想到斟倒动作太快，可乐气泡在杯中猛地溢起，满出杯口流到桌面，客人急忙站起闪避。小王赶紧停下斟倒可乐，为客人清理桌面。这样反而耽误了为整桌客人斟倒的功夫，费了更多时间才为每位客人倒好可乐。

分析：斟倒饱含气体的饮料时，应该控制斟倒饮料的速度，让饮料沿杯子内壁缓缓流入杯子中，至杯中八成满时停止斟倒动作。此时杯中气泡应恰到杯口部位，防止饮料外溢出杯口。小王急着为客人斟可乐，反而忙中出乱。

一、实训安排

实训项目	斟倒饮料
实训时间	1学时
实训目的	使学员掌握斟倒饮料的步骤与方法
实训要求	(1) 服务员准备工作充分，站姿端正，从客人的右侧，按照女士优先、主宾优先的原则，依照顺时针方向进行服务 (2) 斟倒饮料时不滴不洒，瓶口不碰杯口，饮料瓶的标识永远朝向客人
实训方法	讲解与示范相结合，学员操作练习

二、实训准备

开瓶器、饮料、托盘、口杯若干。

三、实训操作流程

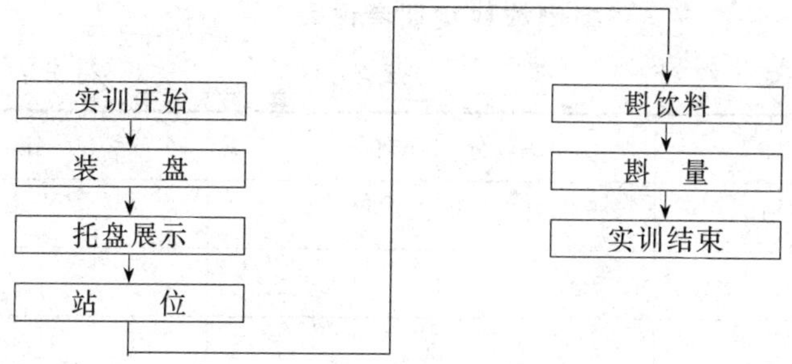

四、实训操作规范

步 骤	主 要 操 作 内 容
装 放	将客人所需饮料按内高外低的原则摆放在托盘中，饮料的主要标识朝外
托盘展示	左手托稳托盘，右手握好饮料瓶的下半部，饮料瓶的标识向外，使客人可以清楚地辨认
站 位	侧身站立于客人的右侧，距客人约 30 厘米处服务。左手托盘切忌置于客人头顶部位
斟倒饮料	待客人确认饮料标识无误后，开始斟倒，瓶口保持与杯口约 5 厘米的距离
斟 量	斟倒饱含气体的饮料时，应该控制斟倒饮料的速度，让饮料沿杯子内壁缓缓流入杯子中，至杯中八成满时停止斟倒动作。此时杯中气泡应恰到杯口部位，以防饮料外溢出杯口。手要轻轻旋转，防止瓶口液体滴落

五、服务要点

服务要点	规 范 动 作	原 因
示 瓶	示瓶时饮料按内高外低的原则摆放在托盘中，左手托盘，右手执瓶下半部，手不遮住瓶身标识	让客人确认上的饮料与自己所点的一致
斟 倒	侧身站在客人右侧约 30 厘米处，左手托盘不可位于客人位上方	太近会影响或碰触到客人
	瓶口与杯口保持约 5 厘米的距离	以免瓶口将杯子碰倒
	斟倒饱含气体饮料时要控制速度，不可太快	太快会容易使饮料的泡沫溢出杯口
	每倒完一杯要做旋口动作	使瓶口的剩余饮料倒流回瓶中，避免滴溅到桌上

六、服务过程中容易出现的问题及解决途径

易出现的问题	解 决 途 径
示瓶时手将瓶身标识盖住，客人无法看到	加强培训，使学员在熟练掌握斟倒饮料服务技能的同时，也能明白这些技能要求的原因
开瓶前剧烈晃动饮料瓶，致使开瓶后瓶内气压太大，饮料猛的溢出	
斟倒时瓶口碰撞杯口使杯子倾倒	
斟倒速度过快使饱含气体的饮料产生过量泡沫，溢出杯外	

七、考核测试

斟倒饮料实训考评表

组别：__________ 姓名：__________ 得分：__________

项　　目	分　　数	扣　　分
装　　盘	15	
托盘展示	15	
站　　位	20	
斟 饮 料	20	
斟　　量	20	
总体印象	10	

考核时间：　　　年　　月　　日　　　　　　　　考评师（签名）：__________

八、讨论题

1. 斟倒饮料时手应如何拿持饮料瓶？

2. 斟倒饮料时的斟倒手法要求。

3. 为什么斟倒饮料时要控制斟倒的速度？

4. 服务员小李拿一瓶尚未开瓶的可乐给客人时，不慎将可乐掉到地上。小李是否可以捡起这瓶可乐，继续给客人开瓶斟倒呢？

5. 饮料的标准斟倒量是多少？

实训项目十四：斟倒啤酒

啤酒是一种饱含气体的饮品，因此斟倒啤酒时既要防止气泡外溢，或是杯中气泡多于酒液的现象，又要避免杯中酒液无泡沫，破坏了啤酒饮用时的观赏效果和口感。规范的啤酒斟倒动作有助于提高服务员现场服务的效果，增加啤酒消费者的品酒情趣，是提高啤酒销售卓有成效的手段之一。

案例：这天晚上餐厅来了几位熟客。服务员小张和实习服务员小王一起接待了他们。其中一位客人看到小王，问小张说："这位是新来的员工吧？"小张说："是的，这位是小王，她刚参加完我们的培训，今天第一天上岗，还请你们多多指点。"小王对客人们微笑点头说："你们好！希望各位今晚用餐愉快！"客人笑说："小王啊，你们餐厅的服务质量是有名的好。不知你这位新员工的水平如何呢？我们来考考你好不？"小王心里十分紧张，不过还是微笑说："好。请各位手下留情！我接受挑战。"其他客人都拍手叫好。这位客人说："我们就考最基本的吧。我们晚上点了啤酒，你能不能为我们每人斟出分量一模一样的酒呢？"小王放下一半的心，因为这项技能她还是比较熟练，很有把握的。她用左手托起小张准备好的托盘和开好的啤酒瓶，右手执瓶身，先向客人示瓶后，以标准的姿势，将啤酒缓缓倒入杯中。因为啤酒是一种饱含气体的饮品，因此斟倒啤酒时要防止速度过快导致气体泡沫外溢。前三杯小王都以平缓的速度斟倒，准确达到统一的斟倒分量，而且没有一滴酒出杯外。不过越到后面，小王的心理压力就越大。为了达到与前几杯啤酒同样的分量，小王愈加小心，紧盯着杯口。斟倒的啤酒瓶口离杯口越来越近，最后靠到了一起。小王因为只注意到杯子，没发现瓶口与杯口靠到了一起，在收回瓶身时，瓶口一下将杯口带倒，整杯啤酒一下流满了桌面。小张忙上前一同帮小王收拾，并向客人道歉。所幸客人都不在意。

分析：小王的斟酒动作基本上严格按标准进行，但由于过于紧张，忘了斟酒时瓶口与杯口绝不能接触，从而产生失误。

一、实训安排

实训项目	斟倒啤酒
实训时间	1学时
实训目的	使学员掌握斟倒啤酒的步骤与方法
实训要求	（1）服务员站立姿势端正，沉着稳健 （2）不滴不洒，保持瓶口与杯口间的距离适当 （3）酒液斟至杯中八成满处，酒沫厚度约为2厘米且不外溢于杯口
实训方法	讲解与示范相结合，学员操作练习

二、实训准备

开瓶器、啤酒、托盘、啤酒杯若干。

三、实训操作流程

四、实训操作规范

步 骤	主 要 操 作 内 容
开 瓶	啤酒服务应根据季节控制好啤酒的酒温。斟酒前应保护酒瓶静止直立状最少两分钟。酒瓶应在客人面前开启。开启前，先用餐巾将瓶口擦净。开启后的瓶盖不可乱扔
站 位	侧身站立于客人的右侧，与客人保持30厘米的距离
斟 酒	右手持啤酒瓶的下半部，酒标向外以便客人辨认，手臂伸直，斟倒果断，瓶口距杯口保持2厘米距离，使酒液沿酒杯内壁缓缓流入杯中
旋 口	当杯中啤酒接近八成满时，放慢斟倒速度。当啤酒泡沫齐杯口时停止斟倒，并平稳旋转瓶口，防止酒液滴落

五、服务要点

服务要点	规范动作	原因
开瓶	开瓶前应保护酒瓶静止直立状最少两分钟	避免啤酒受摇晃，瓶内气压变大，突然开瓶会产生爆溢
	在客人面前开启酒瓶，右手执瓶下半部，手不遮住瓶身标识	让客人放心啤酒是新开瓶，并确认上的啤酒与自己所点的一致
斟倒	侧身站在客人右侧约30厘米处，左手托盘不可位于客人位上方	太近会影响或碰触到客人
	瓶口与杯口保持约5厘米的距离	以免瓶口将杯子碰倒
	斟倒啤酒时要控制速度，不可太快	太快会容易使啤酒泡沫溢出杯口
	每倒完一杯要做旋口动作	使瓶口的剩余液体倒流回瓶中，避免滴溅到桌上

六、服务过程中容易出现的问题及解决途径

易出现的问题	解决途径
示瓶时手将酒标盖住，客人无法看到标识	加强培训，使学员能熟练掌握啤酒的特性和服务技巧，让员工理解这些严格的啤酒服务技能要求是为了更好的向顾客提供优质的酒水服务
开瓶前瓶身剧烈摇晃，致使开瓶后瓶内气压太大，酒水猛的溢出	
斟酒时瓶口碰撞杯口使杯子倾倒	
斟倒速度过快使啤酒泡沫溢出杯外	

七、考核测试

斟倒啤酒实训考评表

组别：＿＿＿＿＿　姓名：＿＿＿＿＿　得分：＿＿＿＿＿

项　目	分　数	扣　分
开　瓶	20	
站　位	20	
斟　酒	20	
旋　口	20	
总体形象	20	

考核时间：　　　年　　月　　日　　　　考评师（签名）：＿＿＿＿＿

八、讨论题

1. 斟倒啤酒时手应如何拿持酒瓶？
2. 斟倒啤酒时的斟倒手法要求。
3. 斟倒啤酒时是否要控制斟倒的速度？
4. 斟倒啤酒时瓶口是否可以与杯口接触？
5. 旋口的作用是什么？
6. 啤酒的标准斟倒量是多少？

实训项目十五：斟倒红葡萄酒

红葡萄酒作为佐餐美酒，具有提味、爽口的功效。酒水最佳饮用温度应与室温基本相同。

案例：一对夫妇为纪念结婚周年到一家餐厅用餐，并特地点了一瓶高级陈年红葡萄酒。服务员小周热情地接待了他们，并帮夫妇俩点了一套满意的晚餐。到了上酒的时候，小周将放在酒篮里的红葡萄酒拿来，向夫妇俩示酒后，以轻柔的动作开启瓶塞，将瓶塞放置一旁，右手捏握酒瓶，左臂搭挂服务毛巾一块，为二位客人一一斟上葡萄酒，每斟一杯，将瓶口在左臂上搭挂的服务巾上轻轻擦去残留酒液，避免瓶口酒液滴落在桌上或客人身上。夫妇俩为小周的细心服务表示感谢和称赞。小周很高兴。夫妇俩开心地举杯庆祝，在饮下一口后，却不约而同皱起了眉头。他们叫来小周询问。小周查看之后，发现这瓶葡萄酒的瓶塞有问题，封闭性没有达到标准，使此瓶葡萄酒变质。小周想起自己刚才忘了进行验木塞的服务环节，偏偏又撞上这瓶很少见的变质葡萄酒。小周对夫妇俩诚恳地道歉，主动承认是自己没有细致检查所致。小周马上为客人换了一瓶葡萄酒，并上报主管，为夫妇俩赠送一盘果盘，以表歉意。虽然遇到这件意外，但小周的处理令夫妇二人非常满意。

分析：为了让饮用时红葡萄酒的气味更香醇，味道更柔顺，可以预先开瓶让酒透透气，"呼吸"一会儿。其功能在于让酒稍微氧化，与空气接触更能释放其香味。红葡萄酒"呼吸"的时间一般不应超过三个小时，而多年的陈酒，则最好在饮用时才开瓶，以避免提前开瓶令陈酿独有的香气散逸。但少数打开的葡萄酒会有一股不好的气味或味道，这很少是因为酒的酿造原因所至，通常是因为瓶塞发霉，并且把这种不好的味道传给了酒，俗称"瓶塞味酒"。这种变质的酒是不能在餐厅提供给顾客饮用的。为了避免顾客饮到变质的酒，所以红葡萄酒服务中必须有一个环节是验木塞。开瓶取出软木塞后，要让客人看看软木塞是否潮湿，若潮湿则证明该酒很可能会因保存不当而变质。客人还可以闻闻软木塞有无异味，或试喝，以进一步确认酒的品质。在确定无误后，才可以正式倒酒。

一、实训安排

实训项目	斟倒红葡萄酒
实训时间	1学时
实训目的	使学员掌握斟倒红葡萄酒的步骤与方法
实训要求	斟倒红葡萄酒的动作要平稳、连贯，不滴不洒，姿势端庄
实训方法	讲解与示范相结合，学员操作练习

二、实训准备

开瓶器、餐巾、托盘、红葡萄酒、滗酒器、红葡萄酒杯若干。

三、实训操作流程

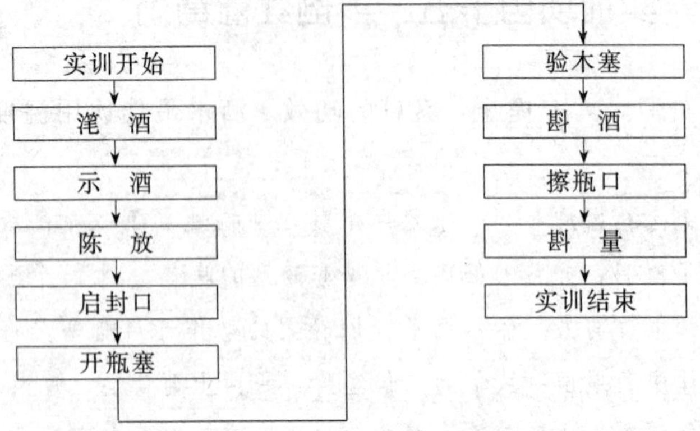

四、实训操作规范

步 骤	主要操作内容
滗 酒	陈年红葡萄酒需要经过滗酒程度以后方可呈送至餐台，以防止酒瓶中沉淀物质直接斟入酒杯，影响红葡萄酒的品质。滗酒是将立起存放两个小时后的红葡萄酒开启，并轻缓稳妥地借助背景烛光，将瓶中酒液倒入另一个玻璃瓶中，经过滗酒程序的陈年红葡萄酒佳酿方可送至客人餐台 一般红葡萄酒虽无需经过滗酒程序，但在整个侍酒过程中应该注意尽量减少服务过程中对酒液的晃动
示 酒	红葡萄酒的侍酒过程是从客人对所点酒品的酒标确认开始。服务员以左手托扶住酒瓶底部，右手扶握酒瓶颈部，酒标正对点酒的客人，让酒标保持在客人视线平行处
陈 放	待客人确认酒品后，服务员方可将酒瓶装入酒篮中，使酒瓶保持 30 度的斜角卧放其中
开瓶塞	用酒刀划开红葡萄酒瓶口处的封纸，酒钻对准瓶塞的中心处用力钻入，注意红葡萄瓶应始终保持 30 度角的倾斜状态卧放于酒篮，切不可将酒瓶直立操作。酒钻深入至瓶塞三分之二处时停止。以酒刀的支架顶架于红葡萄酒瓶口，左手扶稳支架，右手向上提酒钻把手，利用杠杆原理将酒瓶塞起出
验木塞	酒瓶塞拔出后，放在一个垫有花纸的小盘中，送给客人检验。服务员要用餐巾将瓶口残留杂物认真擦除
斟 酒	右手捏握酒瓶，左手自然弯曲在身前，左臂搭挂服务毛巾一块，站在点酒客人的左侧，首先为客人斟倒约 1 盎司红葡萄酒供其品尝。待客人确认以后，服务员方可按女士优先的原则，站在距离客人 30 厘米处按顺时针方向服务 斟倒红葡萄酒时，手握好酒篮，手臂伸直，微倾酒篮使红葡萄酒缓缓流入杯中，动作切忌过于剧烈。每斟倒一次，在结束时应该轻转手腕，使瓶口酒液挂于瓶口边缘，然后将瓶口在左臂上搭挂的服务巾上轻轻擦去残留酒液，以防下一次斟酒时，瓶口残留酒液滴洒在餐台或客人的衣服上
斟 量	红葡萄酒的标准斟倒量应该是酒杯容量的二分之一到三分之二

五、服务要点

服务要点	规范动作	原因
开瓶	示瓶时右手执瓶颈，左手托瓶底，手不可遮住标签	让客人确认上的酒与自己所点的酒一致，并可从外观上检验酒的真假
	要保持红葡萄酒瓶 30 度角斜卧于酒篮中开瓶，左手扶稳酒瓶。右手持开瓶器开瓶	保持瓶口木塞的湿润，开瓶时不会产生碎屑
	将拔出的木塞放在特殊小托盘中，送给客人检验	进一步确认酒质的好坏
	开瓶后以干净的餐巾仔细清理瓶口的碎屑	以免斟倒时将碎屑一起倒入客人杯中
斟酒	侧身站在客人右侧约 30 厘米处	太近会影响或碰触到客人
	酒瓶口与杯口保持约 5 厘米的距离	以免瓶口将杯子碰倒
	左臂搭挂服务毛巾一块，每倒完一杯要做旋口动作，然后将瓶口在左臂上搭挂的服务巾上轻轻擦去残留酒液	使瓶口的剩余酒水倒流回瓶中，并在毛巾上擦干，避免滴溅到桌上

六、服务过程中容易出现的问题及解决途径

易出现的问题	解决途径
示瓶时手将酒标盖住，客人无法看到标识	加强培训，使学员能熟练掌握红葡萄酒的特性和服务技巧。让学员理解只有了解红葡萄酒从酿造到饮用的相关知识，才能更好的掌握其服务技能，更好的向顾客提供优质的酒水服务
开瓶塞时没有保持红葡萄酒瓶 30 度角斜卧于酒篮的状态，而是直立操作	
开瓶塞时动作太大，使瓶塞断裂在瓶口或掉进瓶中	
开瓶塞时酒钻深入至瓶塞超过瓶塞长度，使瓶塞碎屑掉进酒中	
没有进行验木塞程序	
斟酒时瓶口碰撞杯口使杯子倾倒	

七、考核测试

斟倒红葡萄酒实训考评表

组别：__________ 姓名：__________ 得分：__________

项目	分数	扣分
滗酒	（略）	
示酒	8	
陈放	8	
启封	10	
开瓶塞	10	
验木塞	10	
斟酒	25	
擦瓶口	8	

六、服务过程中容易出现的问题及解决途径

易出现的问题	解决途径
示瓶时手将酒标盖住，客人无法看到标识	加强培训，使学员能熟练掌握白葡萄酒的特性和服务技巧，让学员理解这些严格的白葡萄酒服务技能要求是为了更好的向顾客提供优质的酒水服务
冰镇的冰块太多或太少，使酒水无法保持在最佳饮用温度	
开瓶时没有把瓶身放在冰桶中开启。拔瓶塞时动作太快，易产生碎屑或使瓶塞断裂	
斟酒时瓶口碰撞杯口使杯子倾倒	
每斟完一杯后没有做旋口动作	

七、考核测试

斟倒白葡萄酒实训考评表

组别：＿＿＿＿＿＿ 姓名：＿＿＿＿＿＿ 得分：＿＿＿＿＿＿

项目	分数	扣分
示酒	12	
开瓶塞	12	
净瓶口	10	
斟酒	18	
站位	10	
旋瓶口	10	
冰镇	10	
整体印象	18	

考核时间：　　年　　月　　日　　　　考评师（签名）：＿＿＿＿＿＿

八、讨论题

1. 白葡萄酒的开瓶方法。
2. 白葡萄酒的最佳饮用温度是多少？为此存放白葡萄酒的冰桶应放入多少冰块和冰水？
3. 冰桶应放在餐桌什么位置？
4. 白葡萄酒的标准斟倒量是多少？

实训项目十七：斟倒香槟酒

香槟酒是举世公认的最具活力、最富于豪华气派的饮品，它是喜庆场合、隆重庆典中不可或缺的必备佳酿。香槟酒的华贵，使得它的侍酒过程特别具有绅士气派。香槟酒最佳饮用温度在12摄氏度左右。

一、实训安排

实训项目	斟倒香槟酒
实训时间	1学时
实训目的	使学员掌握斟倒香槟酒的步骤与方法
实训要求	(1) 准备工作充分，杯具完好清洁 (2) 服务员动作潇洒、规范
实训方法	讲解与示范相结合，学员操作练习

二、实训准备

香槟酒、香槟桶架、白手套、餐巾、酒杯若干。

三、实训操作流程

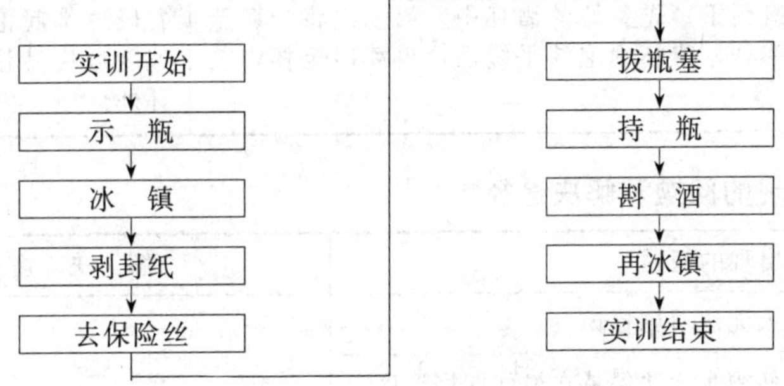

四、实训操作规范

步　骤	主 要 操 作 内 容
示　瓶	向客人展示香槟酒时，服务员右手五指向下，以掌心托扶瓶颈，左手托住瓶底，送至客人视线平行处
冰　镇	待客人确认酒品后，将香槟酒置放于冰酒桶中，桶内盛放四分之一的冰块和二分之一的水，桶口用餐巾加以覆盖
剥封纸	开启香槟酒时，瓶口应该朝向无客人的方向，剥开瓶口封纸，以左手握住瓶，左手拇指轻压瓶塞
去保险	右手捏住瓶口保险丝拧环处，轻轻向逆时针方向拧松保险丝
拔瓶塞	左手拇指时刻放于瓶塞上主，轻轻施以压力。当保险丝完全去掉以后，以右手拇指轻抵瓶塞下方。待香槟酒瓶塞向上移动时，左手握住瓶塞，防止瓶塞喷射出去。在餐厅客人面前开启香槟酒时，应该尽量防止瓶塞离瓶时发出的响声
持　瓶	香槟酒开启后，服务员应该迅速以右手拇指扣捏瓶底凹陷部位，其他四指托住瓶身，左手持口布轻扶瓶颈处，将酒分两次斟倒于事先备好的酒杯中
斟　酒	第一次将酒斟至杯中二分之一处，待杯中泡沫平缓后，再续斟至杯中三分之二处
再冰镇	客人用餐时，将香槟酒放入冰酒桶中，以餐巾覆盖桶口，视情况可将冰酒桶放在餐台上点酒客人的右手处。也可将冰酒桶放在客人右侧的酒桶架上。无论放在何处都应以不妨碍客人用餐，方便客人取拿酒瓶为基本原则

五、服务要点

服务要点	规 范 动 作	原 因
示 瓶	右手执瓶颈，左手托瓶底，手不可遮住标签	让客人确认上的酒与自己所点的酒一致，并可从外观上检验酒的真假
剥封纸，去保险丝	当在剥除铁丝帽时，使酒瓶倾斜45度，并用大拇指压着软木塞	因瓶内有气压，故软木塞的外面有铁丝帽预防软木塞被弹出，这个保护软木塞的铁丝或锡箔必须剥除
拔瓶塞	开酒时，瓶口绝不可朝着客人。用餐巾包着酒瓶，并保持酒瓶倾斜角度。左手紧握软木塞，并将酒瓶扭转，利用瓶内的气压把软木塞顶出来，继续保持酒瓶倾斜角度数秒钟，防止酒从酒瓶中冲出来	开酒时，如手不控制，而任软木塞弹出去，会令客人讨厌，又易产生危险
斟 酒	将酒分两次斟倒于事先备好的酒杯中。第一次将酒斟至杯中二分之一处，待杯中泡沫平缓后，再续斟至杯中三分之二处	香槟酒是起泡葡萄酒，斟倒速度过快易让酒的泡沫溢出杯外

六、服务过程中容易出现的问题及解决途径

易出现的问题	解 决 途 径
示瓶时手将酒标盖住，客人无法看到标识	加强培训，使学员能熟练掌握香槟酒的特性和服务技巧。让学员理解这些严格的香槟酒服务技能要求是为了更好的向顾客提供优质的酒水服务
冰镇的冰块太多或太少，使酒水无法保持在最佳饮用温度	
开瓶塞时动作太大，使瓶身剧烈摇晃致使开瓶后瓶内气压太大酒水猛的溢出。拔瓶塞时动作太快易使瓶塞断裂在瓶口或掉进瓶中	
斟酒时瓶口碰撞杯口使杯子倾倒	
斟倒速度过快使香槟酒产生过量泡沫溢出杯外	

七、考核测试

斟倒香槟酒实训考评表

组别：＿＿＿＿＿ 姓名：＿＿＿＿＿ 得分：＿＿＿＿＿

项 目	分 数	扣 分
示 瓶	5	
冰 镇	5	
剥封纸	10	
去保险	10	
拔瓶塞	15	
持 瓶	10	
斟 酒	30	
再冰镇	5	

续表

项　　目	分　　数	扣　　分
整体印象	10	

考核时间：　　　　年　　月　　日　　　　　　　　考评师（签名）：＿＿＿＿＿＿

八、讨论题

1. 开启香槟酒时应注意什么？

2. 香槟酒最佳饮用温度是多少？为此存放香槟酒的冰桶应放入多少冰块和冰水？

3. 斟倒香槟酒时是否要注意控制斟倒速度？

4. 香槟酒的标准斟倒量是多少？

第三章　中餐服务技能实训

本章实训项目安排表

节　次	实训项目	实训内容	学　时　数
第一节 中餐零点 服务实训	实训项目十八	呈送零点菜单服务	1
	实训项目十九	接受客人点菜服务	1
	实训项目二十	中餐零点上菜服务	1
	实训项目二十一	撤换骨碟及烟灰缸服务	1
	实训项目二十二	中餐零点综合服务	2
第二节 中餐宴会 服务实训	实训项目二十三	宴会上菜服务	1
	实训项目二十四	中餐宴会分菜服务（台面分菜）	1
	实训项目二十五	中餐茶话会服务	2
	实训项目二十六	结账服务	1
	实训项目二十七	中餐宴会综合服务	2
本章实训学时合计			13

第一节　中餐零点服务实训

零点服务是饭店餐饮部门的主打产品，供应的菜肴丰盛，花色品种多样，可供各种年龄及不同饮食习惯的宾客挑选享用。

在零点餐厅用餐的人多而复杂，要求不一，时间交错，服务工作难度大，因此在服务上要努力做到热情、主动、耐心、周到，工作上要把好迎送接待、开单点菜、台面服务、计价结算等几个主要环节，做到动作迅速，忙而不乱。

实训项目十八：呈送零点菜单服务

菜单是餐厅推销的重要工具。菜单的外观、内容和服务方式都可能直接影响客人在餐厅中消费的心理。规范的菜单呈送动作有助于引发客人的消费欲望。

一、实训安排

实训项目	呈送零点菜单服务
实训时间	1学时
实训目的	使学员了解呈送菜单的步骤与方法
实训要求	(1) 菜单外观整洁无破损，无涂改，无污迹 (2) 态度热情友善，服务动作规范得体，语言运用得当
实训方法	(1) 示范讲解 (2) 学员四人一组，分客人与服务员进行角色转换 (3) 考核测试

二、实训准备

餐厅一间，菜单若干，教师先进行示范讲解，后由学员模拟操作。

三、实训操作流程

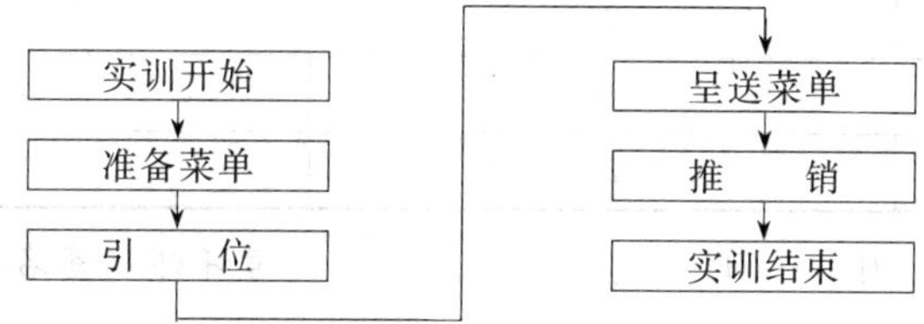

四、实训操作规范

步　骤	主 要 操 作 内 容
准备菜单	开餐前，餐厅引位员应该备好开餐所需的菜单，保证菜单数量充足，菜单应摆放在方便服务员取拿的位置
引　位	餐厅引位员在引领客人进入餐厅时，应该视用餐客人的人数随带相应数量的菜单，如果一同来的客人较多，也应该按每两人一本菜单的数量准备菜单
呈 菜 单	当客人均已入座后，引位员应将菜单翻开第一页，站在客人的右侧，用双手呈送菜单至客人身前，菜单呈送的位置以不挡住客人视线为准。呈送菜单应该遵循先宾后主的基本原则
推　销	主动向客人介绍餐厅的特点和当日的特色菜肴

五、服务要点

服务要点	规 范 动 作	原 因
呈送菜单动作要求	站在客人右侧，打开菜单第一页，双手递送给客人，并用礼貌的语言如“请您看菜单”等	站在左侧客人不顺手
呈送菜单位置和顺序	以客人的胸前为准。讲究先宾后主，女士优先的原则	位置不恰当，容易挡住客人的视线

续表

步　骤	主　要　操　作　内　容
复述报单	客人点菜完毕时，服务员必须认真地用清晰的语言重复客人所点的菜肴名称和数量。这是服务员对客人负责，对餐厅经营效益负责，更是服务员对自己负责的必要工作环节，是餐厅服务员为客人点菜规范要求中绝不可忽视的重要环节
特殊处理	对客人提出的特殊要求，在客观条件允许的情况下，方可对客人作出承诺，并在点菜单中加以明确说明
致　谢	点菜结束后要及时收回菜单，并向客人表示谢意

五、服务要点

服务要点	规　范　动　作	原　　因
站立姿势	呈丁字形站立	做到站姿规范
点菜前的等待	把菜单递送给客人后，退后两步站立；给客人留时间看菜单	操之过急，不留给客人看菜单的时间，容易引起客人反感情绪
填写点菜单	站在客人右后侧，身体略向前倾，认真倾听和记录，记录时不可俯身将点菜单放置于客人面前的餐台上。客人点菜一旦有特殊要求，要在点菜单上记录。确保点菜单字迹清晰。填写的内容要齐全，不同种类分开填写	记录不清楚或未把所点菜分类，容易导致厨房出菜错误
推销菜肴	根据客人的消费需求和消费心理推销菜肴。对菜肴做适当描述和解释，尽量使用选择性、建议性语言。为客人指示菜单中的菜品时，切忌以手指或手中的笔指指点点，应该保持掌心向上的指示方式	推销不当，引起客人的不信任。用手指指菜单是不礼貌的行为
复述点菜单	用清楚的语言重复客人所点的菜肴名称和数量，并请客人确认。告之客人大约等待的时间，感谢客人	以免出现点菜错误

六、服务过程中容易出现的问题及解决途径

易出现的问题	解　决　途　径
服务员自己不了解菜单上的菜肴	（1）学员层面：了解对客点菜的基本程序是确保该环节不出现问题的最佳保障。包括操作中的难点和关键点，操作中可能的遗漏与疏忽等 （2）制度层面和管理层面：严格要求和培训，提高此服务环节的有效性
菜单填写错误	
菜单推销错误	
没有复述报单	

七、考核测试

接受客人点菜服务实训考评表

组别：＿＿＿＿＿＿　姓名：＿＿＿＿＿＿　得分：＿＿＿＿＿＿

项　　目	分　数	扣　　分
站　　位	10	
写　　单	20	

续表

项　目	分　数	扣　分
推　销	20	
倾　听	20	
复述报单	10	
物理处理	10	
致　谢	10	

考核时间：　　　年　　月　　日　　　　　　考评师（签名）：＿＿＿＿

八、讨论题

1. 在客人点菜前为什么需要等待？
2. 该如何向客人推销菜肴？
3. 复述点菜单的目的是什么？
4. 填写点菜单时要根据什么分类，怎样分类？
5. 客人如果点了厨房没有的菜肴该怎么办？
6. 客人点的菜肴已经销售完毕，该怎么办？

实训项目二十：中餐零点上菜服务

零点餐厅中服务员的上菜程序，并不仅是菜肴传递的简单过程。它还包含着服务员对餐厅菜肴的再次推销，激发客人消费欲望和展示中国饮食文化的作用。优秀的服务员能够在规范地完成上菜动作的同时，通过适当的服务语言，使菜肴锦上添花。任何一个不规范的上菜举动，都可能使客人对美味佳肴失去兴趣。

一、实训安排

实训项目	中餐零点上菜服务
实训时间	1学时
实训目的	使学员掌握中餐零点上菜服务的步骤和方法
实训要求	（1）上菜服务要及时准确，符合服务程序 （2）上菜动作轻盈，摆放得体 （3）调味品和配料准备齐全 （4）服务语言妥当得体
实训方法	（1）示范讲解 （2）学员分组进行中餐零点上菜服务操作练习 （3）考核测试

二、实训准备

餐厅一间，餐具及中餐菜品，练习摆台。教师先进行示范讲解，后由学员模拟操作。

净的烟灰缸叠放在用过的烟灰缸上面，将两只烟灰缸一起拿到托盘内，再将干净烟灰缸摆回原位。这样烟灰不至于四处乱飞，影响客人就餐。

一、实训安排

实训项目	撤换骨碟及烟灰缸服务
实训时间	1学时
实训目的	使学员掌握撤换骨碟和烟灰缸的步骤及方法
实训要求	(1) 主动及时，礼貌服务，动作轻盈 (2) 规范有序，干净利落，方便客人 (3) 姿势端正，动作规范，操作卫生
实训方法	(1) 示范讲解 (2) 学员每四人一组，分成客人与服务员进行角色转换 (3) 考核测试

二、实训准备

餐厅一间，托盘、骨碟、烟灰缸若干。教师先进行示范讲解，后由学员模拟操作。

三、实训操作流程

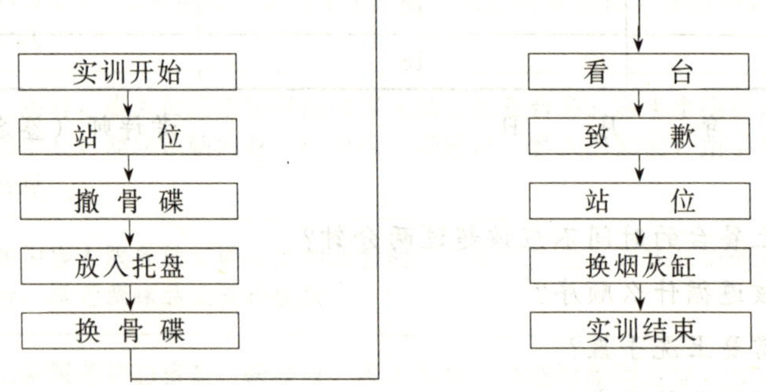

四、实训操作规范

步 骤	主 要 操 作 内 容
站 位	将准备好的干净骨碟在托盘中放好，按照先女宾后男宾，先客人后主人的顺序服务，服务员左手托盘，侧身站立在客人的右侧约30厘米处，左手托盘在客人身后侧位置，用右手从客人的右侧将干净的骨碟并排摆放在原骨碟的左侧
撤骨碟	送上干净骨碟后，服务员按上碟时的顺序从客人的右侧，用右手将客人用过的骨碟撤下。撤拿用过的骨碟前，服务员首先要礼貌地征求客人的意见，是否允许撤换。得到客人允许后，服务员方可用右手将用过的骨碟撤下，并放到左手的托盘中
放入托盘	撤拿骨碟时，服务员应站在客人的右侧，距客人约30厘米处。用过的骨碟不可从客人眼前或头顶上撤至托盘，必须是从客人餐位前平移到客人身侧，然后放入托盘
换骨碟	将用过的骨碟撤下去后，服务员应将干净骨碟移至客人的面前，移动干净骨碟时，服务员的手一定要仅触及碟子的边缘部位
看 台	烟缸内的杂物直接影响客人用餐时的环境气氛。因此，服务员应该及时地发现问题，一旦发现烟缸中的烟头超过两个，就要主动上前为客人更换干净的烟缸

续表

步　骤	主　要　操　作　内　容
致　歉	更换烟灰缸应以不打扰客人交谈或用餐为基本原则。如果对客人有所妨碍，服务员就应该礼貌致歉
站　位	更换烟灰缸时，服务员应该侧身站在客人的身旁，与客人保持不少于40厘米的距离
换烟灰缸	服务员左手托稳托盘，右手拿起干净的烟灰缸轻轻扣盖在脏烟灰缸上方，再用右手捏握住两个烟灰缸，取回并放在左手的托盘上。拿起扣盖上的干净烟灰缸，放回餐台上客人感觉方便的位置。更换烟灰缸时，左手托盘应该始终保持在客人身体的侧后方位置。更换烟灰缸的过程中一定要避免脏烟灰缸从客人面前直接通过

五、服务要点

服务要点	规　范　动　作	原　因
撤换骨碟动作要求	要及时，并要征求客人的同意。撤换时要将干净的和用过的餐具严格分开，以免交叉污染	客人有时并不需要撤换骨碟
看　台	需要和客人保持一点距离，并随时注意餐桌上面的情况，认真仔细，一旦客人有需要能够马上提供服务	离客人太近，客人会觉得别扭；太远，不能看清餐台上的变化
撤换烟灰缸	撤换烟灰缸时，以不打扰客人为宜，动作要轻快	防止烟灰到处乱飞

六、服务过程中容易出现的问题及解决途径

易出现的问题	解　决　途　径
服务员没有及时撤换骨碟	（1）学员层面：了解撤换骨碟和烟灰缸的基的基本程序是确保该环节不出现问题的最佳保障。包括操作中的难点和关键点，操作中可能的遗漏与疏忽等 （2）制度层面和管理层面：严格要求和培训，提高此服务环节的有效性
看台不细心，疏忽客人的要求	
撤换餐具时没有征求客人的要求	

七、考核测试

撤换骨碟及烟灰缸服务实训考评表

组别：__________　姓名：__________　得分：__________

项　目	分　数	扣　分
站　位	10	
撤骨碟	15	
放入托盘	10	
换骨碟	10	
看　台	10	
致　歉	10	
站　位	10	
换烟灰缸	15	
总体印象	10	

考核时间：　　年　　月　　日　　　　考评师（签名）：__________

六、服务过程中容易出现的问题及解决途径

易出现的问题	解决途径
不能按程序为客人提供服务	（1）学员层面：了解中餐零点服务的基本程序，是确保该环节不出现问题的最佳保障。包括操作中的难点和关键点，操作中可能的遗漏与疏忽等 （2）制度层面和管理层面：严格要求和培训，提高此服务环节的有效性
服务员态度不热情，缺乏耐心	
催促客人结账	
客人离开时不能及时送客	

七、考核测试

中餐零点综合服务实训考评表

组别：________ 姓名：________ 得分：________

项　目	分　数	扣　分
欢迎客人	10	
餐前服务	10	
点菜、下单	10	
上菜前服务	10	
上　菜	10	
席间服务	10	
结　账	10	
送　客	10	
检　查	10	
撤　台	10	

考核时间：　　年　　月　　日　　　考评师（签名）：________

八、讨论题

1. 引客入座需要注意哪些问题？
2. 中餐零点上菜程序是怎样的？
3. 在用餐服务过程中，遇到醉酒的客人该怎么办？
4. 如果用餐过程中，餐厅突然停电怎么办？
5. 餐厅有哪几种结账方式？
6. 结账时，客人对账单有疑问怎么办？

第二节　中餐宴会服务实训

宴会是指人们为了社交需要，用酒菜宴请众多宾客的一种形式。宴会是在普通用餐的基础上发展起来的高级用餐形式，也是国际交往常见的活动之一。

实训项目二十三：宴会上菜服务

上菜，是每个餐厅服务员必须掌握的基本技能之一，它不只是一种简单的服务操作过程，而且牵涉到传统习惯、礼貌礼节等。因此，一定要用心加以掌握。

一、实训安排

实训项目	宴会上菜服务
实训时间	1学时
实训目的	使学员掌握宴会上菜服务的步骤和方法
实训要求	(1) 熟悉上菜站位及方式 (2) 熟悉中餐宴会上菜程序 (3) 掌握上菜时机 (4) 了解上菜服务礼节
实训方法	(1) 示范讲解 (2) 学员分组操作，进行角色转换 (3) 考核测试

二、实训准备

参考中餐零点摆台实训项目的场景和器具。教师先进行示范讲解，后由学员模拟操作。

三、实训操作流程

四、实训操作规范

步　骤	主　要　操　作　内　容
上菜的操作位置	上菜时一般均为左上右撤，即：从宴会第一主人的位置看去，要从圆桌的左边上菜，而从圆桌的右边撤菜。上菜、撤菜时，应注意不要在主人和主宾身边进行，以免影响他们就餐
上菜程序	(1) 中餐上菜的一般程序，归纳起来是：先上冷盘以下酒。当酒喝至二至三成时，开始上热菜。头一道热菜，为宴席的主题菜，也可称为主菜，如鱼翅席即上鱼翅；海参席即上海参。一般来说，这道主菜，也就是宴席中最名贵的菜。第二道菜，应当是配合主菜的，例如主菜为燕窝，则第二道菜必为银耳，这是因为银耳具有润滑肠胃之功用，据说可以将燕窝中未摘净的细毛排出体外。主题菜上罢后，按顺序上炒菜、大菜、汤、点心、甜菜。甜菜一般有杏仁豆腐、核桃酥、西瓜盅、莲子羹或拔丝类菜肴等，起着清口解腻的作用。最后上水果，宴会结束 (2) 各类不同的宴席，由于菜肴配的不同，在上菜程序上，也不会相同。例如全鸭席的主菜北京烤鸭，就不作为头菜上，而是作为最后一道大菜上，人们称其为“千呼万唤始出来”；而谭家菜燕翅席，因席上根本无炒菜，所以在主菜之后上的是烧、扒、蒸、烩一类的菜肴。又如上点心的时机，各地习惯亦有不同，有的是在宴席进行中间上，有的是在宴席将结束时上；有的甜、咸点心一起上，有的则分开上。当然这些不同之处，是在各类风味宴席不同特点的基础上形成的。就多数情况来说，中餐上菜的一般程序，如前所述，还是相对固定的

续表

步　骤	主　要　操　作　内　容
上菜程序	(3) 作为餐厅服务员来说，除了要熟悉菜单及上菜的先后顺序外，还要熟练地掌握上菜的操作程序和方法 (4) 当上完最后一道大菜时，服务员应低声告诉副主人一声："菜已上完，还有一道汤和一道甜菜。"这样，便起到提醒宴会主人可以"门前清"，干杯吃饭了。当宴会快要结束的时候，往往也是服务工作最紧张的时刻，应当做到手快脚勤，忙而不乱。当客人们全部停筷后，应迅速撤去盘、碗、碟、筷，换上干净的布、碟、刀、叉，接着端上水果。同时，应上热毛巾（夏天可上冷毛巾）供客人净手拭汗，并做好送宾准备
上菜时机	要掌握好上菜的时机。冷盘可在宴席前上好。宾客入座开席后，走菜服务员即可通知厨房准备出菜。当冷盘吃了三分之二左右时，便可上第一道热菜。新上的菜，要摆在第一主人和主宾的前面，将没有吃完的菜盘移向副主人一边。应注意：视前一道菜将吃完时，即上下一道菜，要防止出现空盘空台的情况。如果上菜不及时，出现空盘空台的现象，一来会使宴会主人尴尬，二来客人无菜下酒，也容易喝醉。但也不可上菜过勤，防止造成菜肴堆积现象，这样菜肴易凉，同时也影响客人的品尝。上新菜时，应及时更换骨碟，席上的空菜盘亦应及时撤下
中餐上菜的礼节	(1) 按照我国传统的礼貌习惯，上整鸡、整鸭、整鱼时，应注意"鸡不献头，鸭不献尾，鱼不献脊"。即：上菜时，不要把鸡头、鸭尾、鱼脊朝向主宾，应将鸡头、鸭头朝右边。尤其是上整鱼时，应将鱼腹而不是鱼脊朝向主宾，因为鱼腹刺少，腴嫩味美，朝向主宾，表示尊重 (2) 在上一道新菜时，应将上一道剩菜移向第二主人一边，将新上的菜放在主宾前面，以示尊重。在上有图案的菜肴时，如孔雀、凤凰等造型的拼盘，则应将菜肴的正面朝向主宾，以供主宾欣赏和食用。骨碟不可从客人眼前或头顶上撤至托盘，必须是从客人餐位前平移到客人身侧，然后放入托盘

五、服务要点

服务要点	规　范　动　作	原　因
上菜程序	宴会要特别遵循上菜的顺序，根据菜单或者根据主人的特殊要求上菜。并且保证不漏掉每一桌的菜肴	上菜顺序有时代表宴会的特殊意义
上菜的时机	不同的菜有不同的上菜时机，要尽量避免在主人讲话敬酒时上菜。另外也要防止出现空盘空台的情况。	不符合时机，会破坏宴会的气氛

六、服务过程中容易出现的问题及解决途径

易出现的问题	解　决　途　径
没有按程序上菜	(1) 学员层面：了解中餐宴会上菜的基本程序是确保该环节不出现问题的最佳保障。包括操作中的难点和关键点，操作中员工可能的遗漏与疏忽等 (2) 制度层面和管理层面：严格要求和培训，提高此服务环节的有效性
上菜时站在主人或主宾身边	
上菜太慢或太快	
上特殊菜肴时，不符合上菜礼节	

七、考核测试

宴会上菜服务实训考评表

组别：＿＿＿＿＿　姓名：＿＿＿＿＿　得分：＿＿＿＿＿

项　目	分　数	扣　分
上菜操作位置		
上菜程序		
上菜时机		
上菜礼节		

考核时间：　　年　　月　　日　　　　考评师（签名）：＿＿＿＿＿

八、讨论题

1. 上菜时为什么不能站在主人身边进行？
2. 上菜的最佳时机是什么时候？
3. 在上拔丝类的菜肴时需要配备什么？
4. 中餐宴会上菜服务和零点上菜服务有什么区别？

实训项目二十四：中餐宴会分菜服务（台面分菜）

中式宴会中的分菜服务技能是宴会服务中使用最为频繁，动作要求最为严格的技能之一。分菜服务同时也是宴会服务技巧中最富于创造性和展示性的动作。分菜动作是否完善，关系到宴会服务能否顺利完成。

一、实训安排

实训项目	中餐宴会分菜
实训时间	1学时
实训目的	使学员掌握中餐宴会分菜的步骤和方法
实训要求	（1）掌握各种分菜用具的用法 （2）操作动作敏捷规范，操作卫生 （3）菜肴分配均匀，装盘整洁
实训方法	（1）示范讲解 （2）学员分组操作，进行角色转换 （3）考核测试

二、实训准备

分菜叉、分菜勺、公用勺、公用筷、长把勺、分鱼刀及相应菜肴。教师先进行示范讲解，后由学员模拟操作。

三、实训操作流程

四、实训操作规范

步　骤	主要操作内容
分骨碟	将干净的骨碟按用餐人数的多少，均匀有序地围摆在餐台上，留出上菜的空间
准备分菜用具	准备分菜叉、分菜勺、公用勺、公用筷、长把勺、分鱼刀
站　位	在国宴上，服务员一般站在陪同、翻译的身旁；一般宴会上，服务员站在一般宾客身边
分　菜	(1) 将菜肴向全桌客人展示，然后左手持长柄汤勺，右手持服务叉、勺，为客人分菜 (2) 右手持服务叉、勺夹菜，左手持长柄汤勺接送菜肴，以防菜肴汤汁溅落在台面上。对一些需汤汁调味的菜肴，服务员应特意为它淋洒些汤汁 (3) 菜肴全部分好后，菜盘中仍需留有少量菜肴，将服务叉、勺顺盘边摆好，以便客人续夹菜肴时用。长柄汤勺则摆在公用餐盘中 (4) 服务员将分配好的菜肴按女士优先，主宾优先的原则服务。上菜时，服务员应从客人右侧，以右手送上，绝不可以站在一处同时为两个客人上菜

五、服务要点

服务要点	规范动作	原因
分菜的要求	分菜所需要的餐具应干净、卫生。分菜时手不要接触到菜品。分送菜品时，不可隔人上菜，更不可从客人肩头越过。分菜时菜品要均匀。分菜动作要干脆利落	分菜时忽视菜品的卫生和干净，会引起客人反感
分菜的站位	分菜应该不能站在主人和主宾的身边，会影响他们的进餐和交谈	站位错误，会破坏宴会的气氛

六、服务过程中容易出现的问题及解决途径

易出现的问题	解决途径
服务员站位错误	(1) 学员层面：了解中餐宴会台面分菜的基本程序是确保该环节不出现问题的最佳保障。包括操作中的难点和关键点，操作中可能的遗漏与疏忽等 (2) 制度层面和管理层面：严格要求和培训，提高此服务环节的有效性
分菜不均匀	
分菜时洒落汤汁	
分送菜时姿势不正确	

七、考核测试

中餐宴会分菜服务实训考评表

组别：＿＿＿＿　姓名：＿＿＿＿　得分：＿＿＿＿

项　　目	分　　数	扣　　分
分骨碟	20	
准备分菜用具	20	
站　　位	20	
分　　菜	40	

考核时间：　　　　年　　月　　日　　　　　　　　考评师（签名）：＿＿＿＿

八、讨论题

1. 分菜时，菜肴掉落桌面应该如何处理？
2. 分有造型的菜肴时应注意什么？
3. 如果客人中有儿童，分送菜时应注意什么？

附：中餐各类菜的分菜法

（1）鱼：首先要剔除鱼骨。其方法是用公用勺压住鱼头，用公用筷从头至尾把鱼肉拨在鱼盘一边，然后切断鱼头、鱼尾，剔除中间鱼骨。剔骨时注意不要把鱼肉戳碎，要尽量保持鱼的原形。待鱼汁浸透鱼肉后，再用餐刀将鱼肉切成若干块，按宾主的先后次序分派。

（2）鸭：先用公用筷压住鸭身，用公用勺将腿肉和鸭脯切扒成若干基本均匀的鸭块，再按宾主次序分派。鸭头、翅、尾不分，留在碟上，随客人自行食用。

（3）肘子：用公用筷压住肘子，用公用勺将肘子切成若干块，再按宾主次序分派。

（4）蛋饼制品：用公用筷压住蛋饼，用餐刀或公勺将蛋饼扒成若干件，再按宾主次序分派。

（5）冬瓜盅：由于瓜身高，一般要做两次分派，第一次先用公用勺将上段冬瓜肉和盅内配料汤汁均匀分派给客人；第二次先用餐叉叉住瓜皮，后用餐刀从上向下切，横削去皮，一般分四刀削完。

（6）拔丝甜菜：分派时用公用筷将甜菜一件件夹起，随即放在凉开水里浸一下，再夹到客人盘碗里。分的动作要快，即上，即拔，即浸，即食。

（7）鸡：分时用公用筷先把鸡腿、鸡肉夹在公用勺里，再将随拼的配菜也夹放在公用勺里边，然后倒在客人的餐碟里。要注意使鸡皮朝下，使鸡块保持完整。鸡头、鸡尾一般不分给客人，由客人自行食用。

实训项目二十五：中餐茶话会服务

茶话会是在各种纪念日或节日期间举行的联欢活动，有宾主讲话，有的茶话会安排有文艺节目演出。茶话会主办单位花费不大，但能达到宾主交流感情，增进友谊，密切关系的目的。茶话会的饮料以茶为主，配有糖果、干鲜果品、小点心等，分盘盛于桌上。茶话会一般进行两个半至三个小时，茶话会服务与其他宴会形式的服务有区别。

一、实训安排

实训项目	中餐茶话会服务
实训时间	2学时
实训目的	使学员掌握中餐茶话会服务的步骤和方法
实训要求	(1) 按照会议的要求和内容，准备好宣传用品 (2) 台型可按照中餐宴会台型10人桌或12人桌设计 (3) 服务员着装整齐、干净，精神饱满 (4) 热情、礼貌、面带微笑地迎宾 (5) 具体操作要领参考中餐宴会 (6) 用具完好、清洁
实训方法	(1) 示范讲解 (2) 学员分组操作，进行角色转换 (3) 考核测试

二、实训准备

茶具、开水具、布巾、牙签桶、烟灰缸、鲜花瓶和席次牌、水果刀、点心叉、餐点盘。教师先进行示范讲解，后由学员模拟操作。

三、实训操作流程

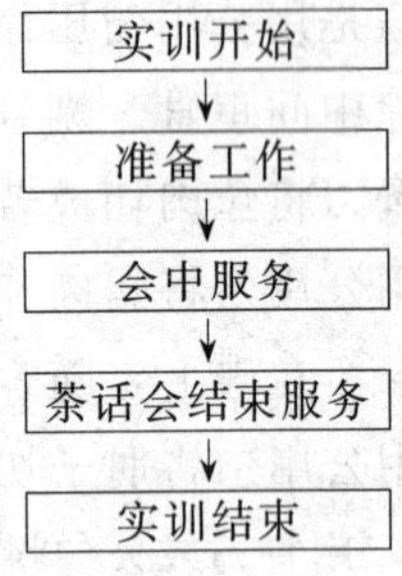

四、实训操作规范

步　骤	主　要　操　作　内　容
准备工作	(1) 清点茶碗、茶盘、茶壶、垫碟等，10人桌应配两把茶壶 (2) 清洁、消毒茶具 (3) 准备台面用品 (4) 清洁地面 (5) 铺设台布，按照食品内容摆台 (6) 摆水果、点心等食品（会前10分钟）。看情况分4～8盘，双数盘时摆放要整齐 (7) 会前5分钟在壶中冲茶
会中服务	(1) 斟茶。斟茶时要在宾客右侧，不外滴茶水 (2) 巡座。注意多用眼睛巡视 (3) 会中清理。会议过程中及时清理桌上的糖纸、果皮等，清理时不应打扰会议进程或客人间的交流 (4) 上香巾。方法与中餐宴会相同（会议开始、结束各一次） (5) 移动桌上用具。视客人的移动情况而定
茶话会结束服务	(1) 送客。服务员按要求动作站在门口欢送宾客 (2) 迅速检查场地，确认有无宾客遗落物 (3) 整理清扫场地。方法中餐宴会基本相同

五、服务要点

服务要点	规　范　动　作	原　因
斟茶的动作要求	站在宾客右侧，上半身略向前倾，右手拿茶壶，一次性连贯地向茶杯中倒茶，以八分满为准。注意不外滴茶水，在会议过程中随时添加茶水	茶水外滴
会中清理	认真细心地巡查桌面，一旦桌上有糖纸、果皮，就马上清除，但要以不影响会议为原则	

六、服务过程中容易出现的问题及解决途径

易出现的问题	解　决　途　径
巡座时不停走动	（1）学员层面：了解中餐茶话会服务的基本程序，是确保该环节不出现问题的最佳保障。包括操作中的难点和关键点，操作中员工可能的遗漏与疏忽等 （2）制度层面和管理层面：严格要求和培训，提高此服务环节的有效性
没有及时斟倒茶水	
只上一次香巾	

七、考核测试

中餐茶话会服务实训考评表

组别：＿＿＿＿＿　姓名：＿＿＿＿＿　得分：＿＿＿＿＿

项　目	分　数	扣　分
准备工作	30	
会中服务	40	
结束服务	30	

考核时间：　　　年　　月　　日　　　　　　考评师（签名）：＿＿＿＿＿

八、讨论题

1. 为什么需要在会前10分钟准备好食品？
2. 会中服务巡桌时应该注意什么？
3. 在什么情况下需要移动桌上用品？

实训项目二十六：结账服务

结账服务发生在客人基本用餐完毕，征求客人是否还要添加其他菜点后。服务员要按宾客所习惯的方式结账，账单在呈送前应核实妥当。

案例：某日，一位美籍华人请一个在国内的老同学在饭店内的餐厅吃饭。两人进餐厅坐下以后，服务员送上菜谱，那位美籍华人接过一看，全都是标有价钱的，于是先请老同学点菜。老同学本想点几样价钱公道便宜的，但感到无从点起，于是说："随便吃什么都可以，上三菜一汤就可以了。"那位美籍华人也感到为难，于是要服务员介绍一些有特色的拿手菜，

服务员随口报了三个。美籍华人征询了老同学的意见以后对服务员说："再来一盘醋溜黄鱼和一碗汤，菜不够再加吧。"两人边吃边谈倒也开心，吃完后，服务员送来账单并大声地说："你们两位一共吃了280元。"

如果是在单独或和亲人用餐的情况下，这位美籍华人对服务员的这句话能忍受的，但在老同学（客人）的面前实在感到忍受不住了。当时他顾不上那么多，便当着客人的面对服务员说："你不要大声嚷嚷好不好！"

"在我们这里叫做唱收唱付。"服务员竟理直气壮地回敬了那位美籍华人（主人），弄得他啼笑皆非。

分析：饭店服务员用什么所谓"唱收唱付"（当着客人的面，大声对主人嚷出钱数，然后让主人付账）的方法来结账，显得很不礼貌，又缺少教养，特别是会使国外来客感到我们的饭店员工缺乏正规训练，素质不高，这样会把他吓跑的。

在许多地方（如香港），结账也称为"埋单"，即账单送来时，将其埋在茶杯下面或别人看不见的地方，免得令人产生尴尬。因此，第一，饭店餐厅可以考虑备一套没有标价的菜谱专门供客人过目点菜，而把有标价的送给主人参考；第二，服务员应该善于察言观色，凭借其观察力来确定谁是做东的付账者，或者轻声地在某位客人耳边问一下："请问是哪一位付账？"然后默默地将账单递至付账者面前。这种做法有很多好处，如果主人请的是位地位很高的人，用餐费用太便宜了，会使客人不满；如果请的对方是经济不大宽裕的朋友，对方也不会因为主人请他吃一顿便饭，花掉他相当于一个月的工资而心中有什么不安。

一、实训安排

实训项目	结账服务
实训时间	1学时
实训目的	使学员掌握结账服务的步骤和方法
实训要求	(1) 掌握递交账单的方式 (2) 学会运用相关服务礼仪 (3) 周到、细致
实训方法	(1) 示范讲解 (2) 学员分组操作，进行角色转换 (3) 考核测试

二、实训准备

账单、笔、计算器、信用卡等。教师先进行示范讲解，后由学员模拟操作。

三、实训操作流程

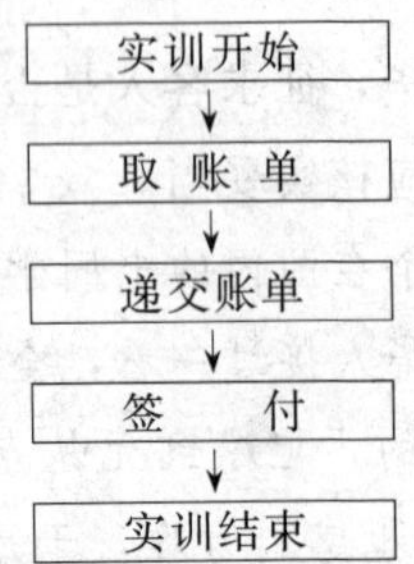

四、实训操作规范

步　骤	主 要 操 作 内 容
取账单	(1) 当客人示意服务员结账时，服务员迅速到收款台领取客人账单 (2) 核对主账单和各分单所开项目与价格是否相符 (3) 将账单放入账夹内，并准备结账用笔
递交账单	从客人右侧躬身礼貌地将账夹打开递给客人，并说明是该客人用餐账单
签　　付	(1) 如客人以现金结账，用账夹把从收款台找回的零钱及账单红联递还客人，向客人唱收唱付并致谢 (2) 如客人以支票结账，须礼貌地请客人在支票背面签上姓名、地址及联系电话，交由收款员处理后再将支票存根及发票交还客人并致谢 (3) 如客人以信用卡结账，须礼貌地请客人出示身份证并在账单上签名，将信用卡、账单及身份证交收款员处理后，再把信用卡签付单及笔递交客人签名，如客人签字与信用卡一致，则将所有证件、签付单存联及发票交还客人并致谢 (4) 如客人以签单结账，须将账单及笔递给客人，礼貌地要求客人出示开房欢迎卡并在账单上签名，写上房号，然后将房卡及账单交收银员处理，核对无误后再将房卡递还给客人并致谢

五、服务要点

服务要点	规　范　动　作	原　因
递交账单	站在付账者右侧，身体微向前倾，打开账单，正面朝向客人，右手持账夹上端，左手轻托账夹下端，请付账者检查，并礼貌致意："这时您的用餐账单。"注意不要让其他客人看到账单	让其他客人看到账单，在某些场合会让主人感觉不礼貌
签单结账	如果客人选择签单结账，一定要请客人出示房卡，并在账单上签名，服务员需要仔细核对签名以后才可以确认付款	避免冒充签名

六、服务过程中容易出现的问题及解决途径

易出现的问题	解 决 途 径
递交账单时让其他客人看到账单	(1) 学员层面：了解结账服务的基本程序，是确保该环节不出现问题的最佳保障。包括操作中的难点和关键点，操作中员工可能的遗漏与疏忽等 (2) 制度层面和管理层面：严格要求和培训，提高此服务环节的有效性
签单结账不请客人出示房卡	
催促客人结账	

七、考核测试

结账服务实训考评表

组别：＿＿＿＿＿　姓名：＿＿＿＿＿　得分：＿＿＿＿＿

项　目	分　数	扣　分
取账单	30	
递交账单	40	
签　付	30	

考核时间：　　年　　月　　日　　　　考评师（签名）：＿＿＿＿＿

八、讨论题

1. 结账时，客人要求打折怎么办？

2. 客人用现金结账时，发现有假币怎么办？

3. 客人用信用卡结账时，信用卡已经透支怎么办？

4. 客人用账单结账，却又没带房卡怎么办？

实训项目二十七：中餐宴会综合服务

中餐宴会是使用中国餐具，食用中国菜肴，采用中国式服务的宴会。它的特点：宴会礼遇规格高，接待庄重，多用于重要客人及招待外宾。

案例： 10月4日，宴会厅接待了一个五桌的寿宴，接待完毕后，客人买了单。次日，寿宴客人到部门投诉，说10月4日宴席上没上鱼，并要讨个说法。经部门调查后，客人确实在预订时点了“黄椒蒸鲈鱼”，但在营业部下单时，因点菜员工作粗心，开漏了分单，导致厨房无单无出品，引起客人投诉。

查明原因后，管理人员当即向客人赔礼道歉，并再三承认了错误，征询客人意见后，将五桌“黄椒蒸鲈鱼”的费用退还给客人，部门内部对当事人进行了批评与处罚。

分析：

1. 此案例属点菜员工作责任心不强、不仔细所造成。

2. 加强点菜员的业务培训。

3. 每次宴会预订单及点菜单，下单人员须再三核对清楚，保证万无一失再下分单。各管理人员也须对各项细节工作严格把关。

一、实训安排

实训项目	中餐宴会服务
实训时间	2学时
实训目的	使学员掌握中餐宴会综合服务的步骤和方法
实训要求	(1) 熟练掌握中餐宴会的服务程序 (2) 能将所学技能运用于服务中
实训方法	(1) 示范讲解 (2) 学员分组操作，进行角色转换 (3) 考核测试

二、实训准备

餐厅一间、餐具。教师先进行示范讲解，后由学员模拟操作。

三、实训操作流程

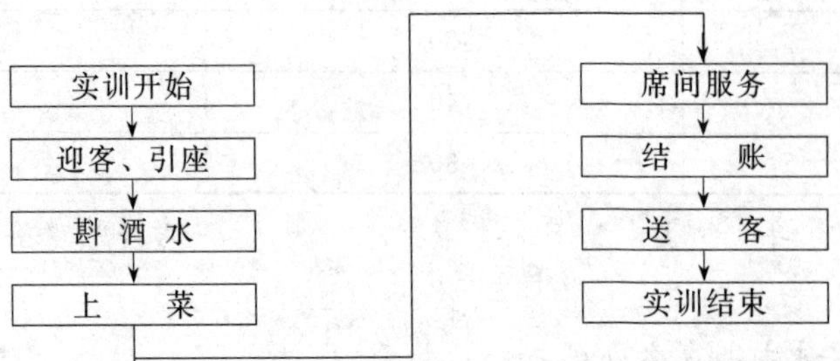

四、实训操作规范

步　骤	主　要　操　作　内　容
迎客、引座	（1）宴会客人到达时，热情地向客人问候并表示欢迎 （2）为客人保存衣物，向客人递送衣物寄存卡 （3）引领客人到休息厅休息，然后上小毛巾并斟茶水 （4）主人表示可入席时，引领客人入席
斟酒水	（1）为客人拉椅，打开餐巾，取下筷子套，然后送上各种酒水，待客人选定后为客人斟倒。先斟饮料，再斟葡萄酒，最后斟烈性酒 （2）宴会开始前宾主讲话致词时，服务员应停止操作。讲话即将结束时向讲话人送上一杯酒，并为无酒或少酒的客人斟酒，供祝酒之用
上　　菜	（1）主人宣布宴会开始，按中式宴会出菜服务程序出菜，新上的菜放在主人和主宾面前，热菜上桌后取下盖子，上菜前撤去餐桌上的鲜花 （2）上菜后服务员主动介绍菜名和风味特点，简要地讲解菜肴的历史典故，然后根据主人的要求分菜或派菜并提供相应的服务
席间服务	（1）在进餐过程中，服务员须为客人勤撤换餐具，每用完一道菜撤换一次。不需分菜或派菜的菜则等客人用完后撤下。另外还须勤敬送茶水，为客人点烟，更换烟灰缸、小毛巾 （2）在宴会进行中，如客人离开座位去其他餐桌敬酒时，服务员要主动为其拉椅，将其餐巾叠好，放在筷子旁边 （3）客人在进餐时，如餐具不慎掉地，服务员应立即补上干净餐具，收起地上的餐具。如客人弄翻了酒具，脏了桌面或衣服，服务员应迅速用餐巾或毛巾为客人擦干净衣服，用湿毛巾擦净台布，再用干净餐巾盖住桌面被弄脏处。必要时向客人提供酒店的洗衣服务 （4）当客人吃完主菜后即清理桌面，然后上甜食，吃完甜食后再更换餐具，上水果
结　　账	宴会即将结束，餐厅负责人准备好账单与宴会主办人联系结账
送　　客	宴会结束时，服务员为客人拉椅，递送衣物，热情欢送客人，并仔细检查客人是否有遗忘物品，如有，迅速归还客人

五、服务要点

服务要点	规　　范　　动　　作	原　因
斟倒酒水	宴会服务一般会有几种酒水，需要首先征求客人的同意才给他斟所选择的酒水。斟倒酒水也要注意时机，一般在宴会开始前几分钟，或者是客人讲话结束后，为客人斟倒酒水	宴会服务的特殊性
上菜服务	宴会服务的桌数和菜肴都比较多，服务员人数也较多，在宴会前，服务员要了解和熟悉宴会菜单，做到有条不紊，满足不同客人的需要	避免上错菜或漏上菜
席间服务	宴会进行中，要细致认真地巡台。一旦发现客人有需要，就能立刻提供服务，比如为客人添加酒水、换碗筷、上香巾等服务	忽略客人的需求

六、服务过程中容易出现的问题及解决途径

易出现的问题	解　决　途　径
在客人讲话时斟酒水	（1）学员层面：了解中餐宴会服务的基本程序，是确保该环节不出现问题的最佳保障。包括操作中的难点和关键点，操作中可能的遗漏与疏忽等 （2）制度层面和管理层面：严格要求和培训，提高此服务环节的有效性
上菜不报菜名	
没有及时更换骨碟和烟灰缸	

七、考核测试

中餐宴会综合服务实训考评表

组别：________ 姓名：________ 得分：________

项　目	考 核 内 容	分数	扣分
一、礼貌规范	仪容仪表（着装、容貌、卫生）	3	
	礼貌用语（得体、规范、亲切）	2	
	行为举止	2	
二、摆台	骨碟定位（摆放规格、定位规范）	1	
	摆味碟（位置正确）	1	
	摆汤碗、汤匙（位置正确）	2	
	摆汤碗、牙签、筷子（位置正确）	1	
	摆三杯（次序、位置正确，动作规范）	2	
	摆公筷、公勺（符合要求）	3	
	上毛巾托、摆烟卸、摆菜单	2	
	上餐巾花（5 种花型美观，放位合适）	3	
	上花瓶（位置居中）	1	
	上冷碟（4 小碟）	1	
	摆座椅（顺时针摆）	2	
三、迎宾入座	礼貌迎宾（欠置正确，拉椅动作规范）	2	
	带位入座（位置正确，拉椅动作规范）	1	
	上毛巾、茶水（位置正确，动作规范）	1	
	铺餐巾，退筷套（动作规范）	2	
	问饮料，问白酒（问三位，动作规范）	6	
四、席间服务	撤花瓶，宣布开席（语言清楚，站位正确）	2	
	上主菜（第一道菜，摆位正确，报菜名清楚）	2	
	上热菜（第二道菜，横拟全鱼，摆位正确，报菜名）	3	
	更换骨碟、毛巾、烟灰缸（动作规范）	4	
	分菜（分全鱼，用客人汤碗）	4	
	上甜食之前，更换餐具	3	
	上甜食（同时上甜汤、甜点）（摆位正确，报菜名）	3	
	上水果（报菜名，宣布菜上齐）	2	
五、结账送客	买单（语言、操作规范）	2	
	拉椅送客（分工，动作，仪表正确）	2	
	巡视周围（无误、迅速）	3	
	收拾台面，卫生整理（次序正确，动作流利）	4	

续表

项　目	考　核　内　容	分数	扣分
六、整体能力	风度气质	7	
	业务水平	7	
	熟练程度	7	
	反应能力	7	

考核时间：　　　　年　　月　　日　　　　　　　　考评师（签名）：＿＿＿＿

八、讨论题

1. 中餐宴会有哪些特征？
2. 中餐宴会怎样安排席位？
3. 如何布置中餐宴会厅？
4. 中餐宴会酒水设计要注意什么？
5. 宴会服务人员应具备的素质要求有哪些？
6. 宴会过程中发生火灾应如何处理？

第四章　西餐服务技能实训

本章实训项目安排表

节　次	实训项目	实 训 内 容	学时数
第一节 西餐零点服务实训	实训项目二十八	西餐呈送菜单服务	0.5
	实训项目二十九	西餐点菜服务	0.5
	实训项目三十	西餐美式服务	1
	实训项目三十一	西餐法式服务	1
	实训项目三十二	西餐俄式服务	1
	实训项目三十三	西餐英式服务	1
第二节 西餐宴会服务实训	实训项目三十四	西餐冷餐会服务	1
	实训项目三十五	鸡尾酒会服务	1
本章实训学时合计			7

第一节　西餐零点服务实训

实训项目二十八：西餐呈送菜单服务

呈送菜单是零点餐厅服务的重要环节，菜单是餐厅推销的重要工具。规范的菜单呈送动作，有助于引发客人的消费欲望。

一、实训安排

实训项目	西餐呈送菜单服务
实训时间	0.5 学时
实训目的	（1）使学员知道如何规范为客人呈送菜单 （2）使学员了解呈送菜单的礼节
实训要求	要求学员能够准确规范地为客人提供菜单呈送服务
实训方法	讲解与示范相结合

二、实训准备

菜单若干份，西餐桌椅。

三、实训操作流程

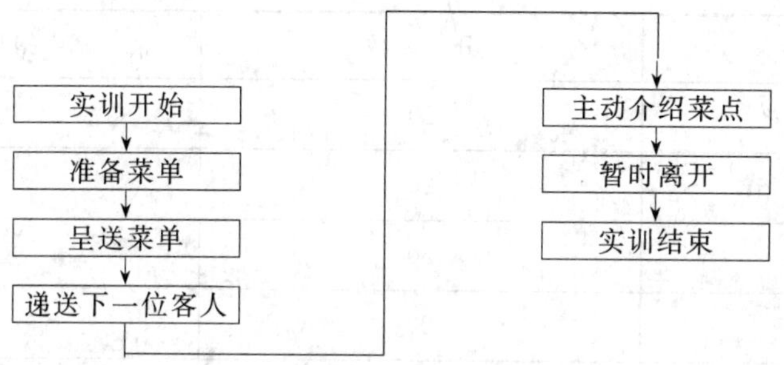

四、实训操作规范

步骤	主要操作内容
准备菜单	开餐前，餐厅迎宾员应该准备好开餐所需要的菜单，保证菜单数量充足和菜单的整洁完好。菜单应摆放在方便服务员取拿的位置
呈送菜单	当客人就座后，将菜单翻开第一页，从客人的右侧，用双手呈送菜单，菜单呈送的位置以不挡住客人视线为准，并且要主动介绍："先生，这是菜单，请您选菜。"呈送菜单的顺序应该是先女后男，先宾后主。有的餐厅，点菜与点酒是同时进行，则此时也要将酒水单递给客人
递送下一位客人	站在客人右侧，用双手递送菜单。在一般情况下，每位宾客都应有一份菜单
主动介绍菜点	呈送菜单时应该向客人热情地介绍本餐厅的特别菜肴。如果需要为客人指点菜名时，切记不可用单指或手中的笔杆指点，而应该保持手指并拢，微微弯曲，掌心向上为客人指明
暂时离开	请客人先看菜单，稍候为客人点菜，给客人思考时间，但服务员要保证客人随叫随到

五、服务要点

服务要点	规范动作	原因
动作要求	站在客人右侧，打开菜单第一页，双手递上菜单	方便客人，尊重客人
顺序要求	女士优先，先宾后主	对女士与来宾的尊重
菜单要求	菜单应干净、整洁、无污渍、无破损并且内容要正确	整洁的菜单给客人带来愉悦感
服务语言	语言规范、简练、礼貌，使用敬语及特定情景服务用语	提高表达的有效性和礼节性

六、服务过程中容易出现的问题及解决途径

易出现的问题	解决途径
站位不准确，没有站客人右侧，菜单呈送顺序没有女士优先，先宾后主	(1) 让学员认识到呈送菜单中包含着服务礼节的要求 (2) 加强有针对性的呈送菜单训练 (3) 树立员工礼节礼貌意识，规范员工礼貌用语与服务专业用语
把菜单放在桌子上	
介绍菜点，在菜单上为客人指点菜名时，用单指或手中的笔杆指点	

七、考核测试

西餐呈送菜单服务实训考评表

组别：__________ 姓名：__________ 得分：__________

项　　目	分　　数	扣　　分
准备菜单	10	
呈送菜单	20	
介绍菜点	20	
服务语言	20	
服务顺序	20	
总体印象	10	

考核时间：　　　年　　月　　日　　　　　　　　考评师（签名）：__________

八、讨论题

1. 菜单的准备有什么要求？
2. 菜单呈送的位置和顺序有什么要求？
3. 菜单呈送的规范动作如何进行？
4. 菜单呈送过程中的规范服务语言有哪些？
5. 如何介绍菜单中特色菜肴？

实训项目二十九：西餐点菜服务

优质的点菜服务是餐厅服务创新、提高客人满意度的重要环节，也是餐厅服务员做好营销工作、提高效益的一个关键点。点菜服务不理想，不仅影响了服务质量，更影响了上座率、人均消费额和营业利润。

一、实训安排

实训项目	西餐点菜服务
实训时间	0.5学时
实训目的	(1) 使学员掌握西餐点菜技能 (2) 使学员了解点菜过程的礼节
实训要求	能够针对不同客人进行西餐点菜服务
实训方法	讲解与示范相结合

二、实训准备

笔、点菜单、酒水单、菜单、西餐桌椅。

三、实训操作流程

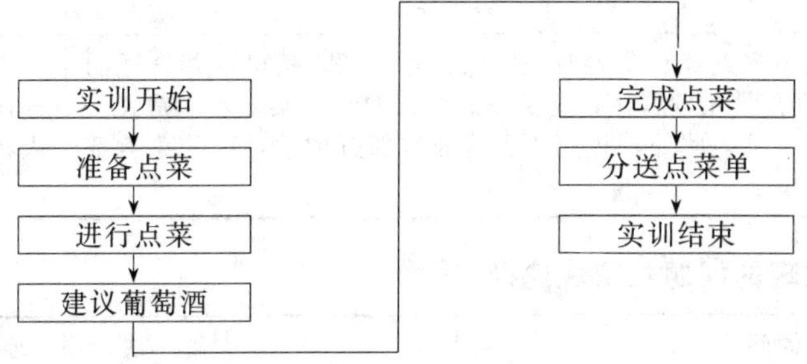

四、实训操作规范

步　骤	主　要　操　作　内　容
准备点菜	事先掌握菜单知识，熟悉餐厅提供的菜肴；事先掌握基本的饮料与酒品知识 准备笔与点菜单 向厨房了解每道菜的原料是否充分 了解每天的特色菜或者厨师特选
进行点菜	给客人充足时间阅读菜单，见客人有点菜意图即上前征询："现在可以为您点菜吗？" 先请女士点菜，后男士，按照顺时针方向请客人点菜 点菜服务时站在客人斜后方可以观察客人面部表情的地方，上身微躬 在客人询问前向客人介绍特色菜或厨师特选 每个客人点的菜可能不一样，在点菜单上对应的地方记录每个人点的菜 为宾客提供关于菜式搭配的建议 询问客人，明确客人需要，明确客人所订食品的制作方法、生熟程度与酒水搭配 若客人比较犹豫，可以给客人提供建议 将客人点的菜点记在四联单的小票上，字迹清晰，缩写、简写字要易于辨认 将客人点菜内容复述一遍，请客人确认："您点的是××，对吗？" 如客人对菜肴有特殊要求，在菜单上要标明
建议葡萄酒	点完菜后，呈送酒单，向客人推荐葡萄酒，注意主菜与葡萄酒的搭配
完成点菜	复述客人点菜内容，获得客人确认 整齐、清楚书写食品主菜，注明主位及各宾客所要的酒水种类及品牌，点菜单上应写清宾客数、台号、日期、点菜的具体时间与点菜员姓名与宾客特殊要求 从宾客手中收回菜单、酒水单并致谢
分送点菜单	点菜单一式四联，第一联交厨房，第二联交收银台，第三、四联由服务员、传菜员留底备查

五、服务要点

服务要点	规　范　动　作	原　因
记录点菜单	记录客人的点菜时，应先准备好记录单，并有系统地记录，如编号、日期、服务员姓名、桌号、顾客人数等，以辨明客人。对于每位客人的特别吩咐，以较小字体附记在菜名略号侧，以免错漏，并便于结账分账 应尽量利用菜名的略号 分类开单：(1) 开胃菜、汤、头盘写在订单的最上面；(2) 主菜写在中间；(3) 甜食写在最后；(4) 酒水饮料与菜肴分开订单；(5) 用间隔符号把各类菜分开；(6) 注明客人的特殊要求 注明各种菜所需配菜和调料	按外国人的习惯，数位客人同桌进餐时，常有各自付账的情形 节省点菜记录的时间 菜单明了，不易混乱

续表

服务要点	规范动作	原因
推荐菜肴	如客人不能确定点什么菜肴时，应向其作介绍，相机推荐合适的菜肴："我向您们推荐××，这是我们今天的特色菜，××是我们厨师长的拿手菜，此外，我们还有些非常新鲜的菜，这些菜肴都口味鲜美。"	这样推荐的语气，客人易于接受

六、服务过程中容易出现的问题及解决途径

易出现的问题	解决途径
忘记菜肴、酒水价格或者解释不清楚	（1）要求学员熟练掌握点菜的程序与环节 （2）要求学员掌握菜肴与酒水知识 （3）对点菜员进行强化训练
点菜单书写不规范、潦草	
点菜单没有注明菜肴熟度、调料、客人特殊要求	
点菜后忘记给客人点酒水	
忘记向客人确认点菜的结果	

七、考核测试

西餐点菜服务实训考评表

组别：________　姓名：________　得分：________

项目	分数	扣分
点菜位置、顺序	10	
菜肴推荐与建议	20	
菜肴、酒水搭配	20	
菜单记录规范	20	
菜单复述	10	
服务语言艺术	20	

考核时间：　　年　　月　　日　　　　考评师（签名）：________

八、讨论题

1. 服务员如何判断客人何时需要点菜？
2. 点菜员在菜肴酒水知识方面该做哪些准备？
3. 点菜员在向客人推荐菜肴酒水时要注意哪些事项？
4. 点菜时，如何准确科学地记录点菜单？
5. 点菜顺序从哪里开始？点菜时点菜员如何站立？

实训项目三十：西餐美式服务

美式服务是由厨师根据客人所点的菜肴，完成烹饪、装盘工序后，餐厅服务员再将菜肴从厨房直接送到客人面前。美式服务亦称为盘式服务，是一种简单和快捷的餐饮服务方式，一名服务

员可以看数张餐台。美式服务简单，速度快，餐具和人工成本都比较低，空间利用率及餐位周转率都比较高。这种服务方式不仅适用于一般零点西餐厅，同时也广泛用于咖啡厅和西餐宴会厅。

一、实训安排

实训项目	西餐美式服务
实训时间	1 学时
实训目的	掌握美式服务技巧与操作要领，达到熟练进行西餐美式服务的目的
实训要求	厨房与餐厅相互协调，服务员服务动作规范敏捷
实训方法	教师讲解、示范，学员分组操作演练，教师指导

二、实训准备

西餐餐台以及西餐餐具、菜单、面包篮、面包夹、汤盘、咖啡杯、收银夹。

三、实训操作流程

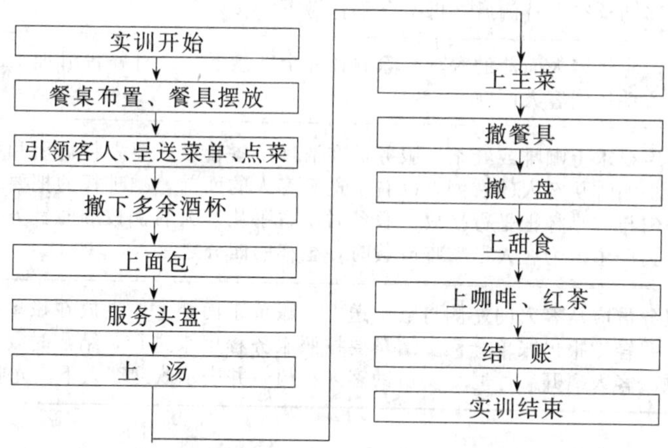

四、实训操作规范

步　骤	主　要　操　作　内　容
餐桌布置、餐具摆放	铺垫海绵桌垫，再铺上台布 按照要求进行餐具摆放
引领客人、呈送菜单、点菜	当客人进入餐厅时，服务员要引领客人入席 为客人呈送菜单，呈送菜单时应该将菜单打开，送至客人视线前且不应遮挡住客人的脸部 为客人斟倒冰水 客人点菜、点酒水 应依据用餐客人的人数整理好餐台，撤去多余的餐具或补充不足的餐具
撤下多余酒杯	根据客人所点菜肴和酒水品种，将多余的酒杯轻轻撤下，然后才可按程序提供上菜服务
上面包	服务员从客人的左侧将面包篮呈送至客人的面前，请客人自由选择。在客人的指点下，服务员右手持面包夹或用服务叉、勺，将面包夹放在客人左侧的面包盘中

续表

步　骤	主　要　操　作　内　容
服务头盘	先为女士和贵宾服务，从客人的右侧为客人上菜。按照客人点菜单上的内容，将头盘准确地端给所有客人。客人全部放下刀叉后，得到客人允许，从客人右侧将盘和刀叉一起撤下
上　汤	站在客人右侧约30厘米处，服务员要用右手将客人所点的汤送到客人面前的展示盘上。在客人用完汤后，服务员仍应以右手从客人右侧将汤盘撤下
上主菜	从厨房将客人所点的主菜从客人的左侧以左手送上。注意右手的托盘应避免碰到客人的身体，不可妨碍客人的活动。上菜时，菜盘摆人要端正，手指不可指向菜肴，菜肴的主料部分应该在靠近客人的一侧，配菜在盘子上方
撤餐具	服务员见到客人将刀、叉并列斜放在餐盘中，表明客人将不再享用盘中食品，服务员要主动上前，侧身站在客人的左侧30厘米处，首先询问客人是否允许撤去餐具，在得到客人的许可后方可撤去餐具
撤　盘	撤盘时要注意动作轻稳，不可碰撞餐具发出响声，不可将空餐盘从客人眼前撤下，而应沿餐台面移动至客人身侧后，再抬高手臂撤下
上甜食	甜食服务前，应将客人面前的餐具，除酒杯外全部撤下，并将餐台清理干净。从客人的右侧，用右手送到客人面前
上咖啡、红茶	客人如在餐后要求上咖啡或红茶，服务员在清理了餐台后，要先将糖盅和奶罐送至餐台，然后再将咖啡从客人的右侧，以右手送至客人的面前，咖啡杯的把要在客人的右手侧，咖啡勺与咖啡杯把平行摆放。服务时用右手从客人右侧按顺时针方向进行，女士优先，先宾后主。为客人斟咖啡或茶时，至杯的四分之三
结　账	结账时，服务员应从客人的左侧将账单送上。账单正面朝上，夹放在账单夹中送至客人的面前，并轻声报出账单金额。结账要按照服务程序来进行，结账时要真诚地感谢客人的惠顾。客人离开餐厅时，要协助客人拉椅，并表示欢迎客人下次光临

五、服务要点

服务要点	规　范　动　作	原　因
上菜之前工作	餐桌布置──→餐具摆放──→引领客人人席──→呈送菜单──→斟倒冰水──→点菜──→撤多余酒杯	按照接待的顺序进行服务，给客人留有看菜单时间
上菜位置	上面包——用右手，在客人左侧进行 上头盘——右侧上菜，右侧撤刀叉、餐盘 上汤——右侧上汤，右侧撤汤碟 上主菜——左侧以左手送上，左侧撤去餐具 上甜点——客人的右侧，用右手送上 咖啡或者茶——右侧，以右手送至客人的面前 斟酒——用右手在客人右侧。	
分菜	在厨房已经分好、装盘，上菜时，直接将装有菜肴的餐盘端给各客人，服务员不必分菜	简单明了，速度快

六、服务过程中容易出现的问题及解决途径

易出现的问题	解决途径
服务员上菜、斟酒、撤盘的位置易错误	(1) 多练习上菜的位置和撤盘的位置 (2) 增强礼貌意识，多征询客人 (3) 熟练掌握服务程序
撤餐具，没有注意客人刀叉的示意，没有征询客人意见	
客人餐后要求上咖啡，服务员没有清理餐台，没有先上糖盅和奶罐，就直接上咖啡	
(4) 在点菜之前，没有给客人斟冰水	
(5) 服务顺序出现混乱	

七、考核测试

西餐美式服务实训考评表

组别：________ 姓名：________ 得分：________

项目	分数	扣分
餐桌布置、餐具摆放	10	
引领客人、呈送菜单、点菜	10	
撤下多余酒杯	5	
上面包	5	
服务头盘	10	
上汤	10	
上主菜	10	
撤餐具	10	
撤盘	10	
上甜食	5	
上咖啡、红茶	5	
结账	5	
总体印象	5	

考核时间： 年 月 日 考评师（签名）：________

八、讨论题

1. 美式服务比较适合什么样的餐饮活动服务？
2. 美式服务有什么优点？
3. 美式服务为何被称为盘子服务？
4. 美式服务的基本规则是什么？
5. 简要说明美式服务的基本程序。

续表

服务要点	规 范 动 作	原 因
酒水服务	示酒、开酒、品酒、斟酒从客人右侧，按顺时针顺序，女士优先。白葡萄酒斟三分一杯，红葡萄酒斟二分一杯，香槟酒斟三分二杯，每杯分两次斟完	酒水服务礼仪要求

六、服务过程中容易出现的问题及解决途径

易出现的问题	解 决 途 径
服务位置错误	（1）加强服务程序与操作标准的练习 （2）客前烹饪表演的资深服务员需要一个长期锻炼成长的过程，一般从生手到服务员需要三四年的时间
服务程序混乱，导致客人不满	
客前烹饪技巧不熟练	
开酒之前没有示酒，征得客人同意	

七、考核测试

西餐法式服务实训考评表

组别：______ 姓名：______ 得分：______

项 目	分 数	扣 分
上黄油	5	
上面包	5	
更换酒杯	5	
上 酒	10	
客前烹饪表演	20	
上 菜	10	
撤餐具	10	
上奶酪	10	
上甜食	5	
上餐后酒	10	
服务礼仪与语言	10	

考核时间： 年 月 日 考评师（签名）：______

八、讨论题

1. 法式服务的优缺点有哪些？

2. 法式服务中两名服务员的职责分别是什么？

3. 能否总结出法式服务的服务位置的规律？

4. 客前餐台制作主要工作内容有哪些?

5. 服务员如何上黄油与面包?

6. 法式服务中酒水服务主要有哪些环节与步骤?

实训项目三十二：西餐俄式服务

俄式服务是西餐普遍采用的一种服务方法，俄式服务在许多方面和法式相似，如它十分讲究优美文雅的风度，使客人获得周到的服务。但服务方式则有所不同，一是俄式服务只需一名男服务员；二是全部菜肴都是在厨房中完全准备好，并预先切好，由厨师整整齐齐地放在银质大浅盘中，由服务员把盘端到餐厅，再从盘中送给客人。

俄式服务中，服务员将装有整齐和美观菜肴的大浅盘端给所有顾客过目，让顾客欣赏厨师的装饰和手艺，并且也刺激了顾客的食欲。由于俄式服务使用了大量的银器，并且服务员将菜肴分给每一个顾客，使每一位顾客都能得到尊重和较周到的服务，因此增添了餐厅的气氛。由于俄式服务是大浅盘里分菜，因此，可以将剩下的，没分完的菜肴送回厨房，从而避免不必要的浪费。俄式服务每一个餐桌只需要一个服务员，服务的方式简单快速，服务时不需要较大的空间。因此，它的效率和餐厅空间的利用率都比较高。

一、实训安排

实训项目	西餐俄式服务
实训时间	1 学时
实训目的	使学员掌握俄式服务的服务技巧与操作要领，达到熟练运用俄式服务进行西餐服务的目的
实训要求	服务方式，讲究文雅的风度，服务员动作敏捷、优雅，服务员用右手按顺时针方向绕桌上餐盘，按逆时针方向绕桌派菜
实训方法	教师先讲解、示范，学员在教师指导下进行练习

二、实训准备

托盘、餐盘、服务叉、服务勺、餐巾、银杯、匙等若干套。

三、实训操作流程

俄式服务的引领客人、呈送菜单、点菜点酒等环节与其他服务接近，本节的流程从点菜后开始介绍。

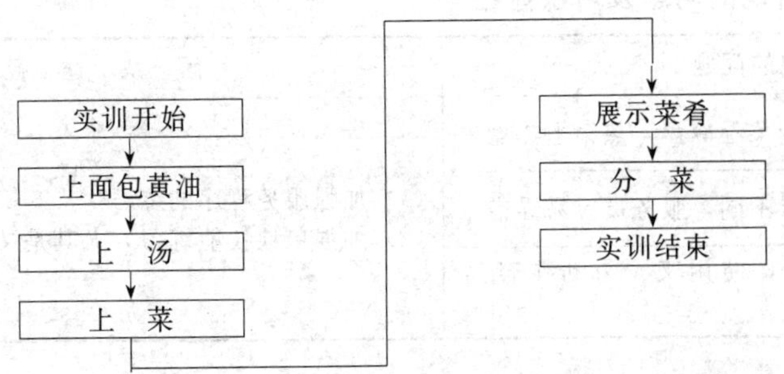

四、实训操作规范

步　骤	主　要　操　作　内　容
上面包和黄油	客人点好菜肴后，服务员首先要为客人提供面包和黄油服务。上面包和黄油时，服务员应坚持从客人的左侧，以左手送上
上　汤	服务员先将加热了的汤盘从客人的左侧送上，摆放在展示盘上，再将盛有热汤的大汤斗或银质汤壶送至餐台，由服务员逐一分派。如用银质汤壶分汤则应在客人右侧逐一服务
上　菜	上主菜前，服务员首先将在厨房中烹制并装摆在大银盘中的主菜端至餐厅的服务台上。再依次从客人右侧撤下汤盘，并从客人的左侧将已经加热的主菜盘逐一摆放在客人面前的展示盘中
展示菜肴	服务员左手托稳银质菜盘，向所有客人展示菜肴全貌后，右手持服务叉、勺，站在客人左侧 30 厘米处为客人分菜
分　菜	分菜时，右手服务叉、勺的操作技巧如中餐宴会分菜的动作要求相同。分派菜肴时要灵活掌握每份菜肴的量，并注意菜肴分盘后的造型美观和配菜均匀。每次分菜动作完成后，要注意用银质菜盘接住分菜的服务叉、勺，以防止餐具上的汤汁溅落在餐台或客人的服装上。分菜结束后，服务员应站直身体后，侧身退离客人餐位，手中银质菜盘应避免从客人头顶移过

五、服务要点

服务要点	规　范　动　作	原　因
分发餐盘	在上菜之前，服务员从客人右侧按照顺时针方向，沿桌子分发餐盘，热菜上热盘，冷菜上冷盘	上热盘目的是为了保持食物温度
分　菜	服务员左手胸前托盘，用右手操作服务叉和服务勺，从客人左侧逆时针分菜 服务叉、勺正确的姿势是服务叉在上，服务勺在下，首先重叠摆放，右手的中指、无名指和小指夹勺，拇指和食指控制叉，五指并拢，完美配合。这是俄式服务最基本的技巧 分菜过程要求尽量保持大银盘内食物美观的外形，一般每道菜分让两次，分完后大银盘内只能剩少许的菜肴	方便操作，动作比较规范，分菜美观、优雅
基本规则	上空盘时，从客人右侧，以顺时针方向上。上菜时，左手托菜盘，右手从客人左侧逆时针方向上，撤盘、斟酒、上饮料，均在客人右侧	方便操作

六、服务过程中容易出现的问题及解决途径

易出现的问题	解　决　途　径
上菜之前要先上餐盘，冷菜上冷盘，热菜上热盘	(1) 加强服务程序的练习 (2) 加强单项技能练习，尤其是叉、勺分菜的技巧
不同服务项目，站位要求不同，服务员容易弄错	
分菜时候用叉、勺进行，使用叉、勺动作容易变形	

七、考核测试

西餐俄式服务实训考评表

组别：＿＿＿＿＿　姓名：＿＿＿＿＿　得分：＿＿＿＿＿

项　　目	分　　数	扣　　分
上面包和黄油	15	
上　汤	15	
上　菜	15	
展示菜肴	15	
分　菜	15	
服务礼仪与语言	15	
总体印象	10	

考核时间：　　　年　　月　　日　　　　　　考评师（签名）：＿＿＿＿＿

八、讨论题

1. 俄式服务具有哪些优缺点？
2. 俄式服务的展示菜肴服务如何进行？
3. 俄式服务为何要在上菜前分餐盘，分餐盘有何要求？
4. 俄式服务的分菜如何进行？
5. 俄式服务的分菜中，需要注意哪些事项？

实训项目三十三：西餐英式服务

英式服务是一种非正式的，用于餐厅单间里，由主人在服务员的协助下完成的特殊餐饮服务方式，又称家庭式服务。其服务方法是服务员从厨房将烹制好的菜肴传送到餐厅，由顾客中的主人亲自动手切肉装盘，并配上蔬菜，服务员把装盘的菜肴依次端送每一位客人。调味品、沙司和配菜都摆放在餐桌上，由顾客自取或相互传递。英式服务家庭的气氛很浓，许多服务工作由客人自己动手，用餐的节奏较缓慢。在美国，家庭式餐厅很流行，这种家庭式的餐厅多采用英式服务。

一、实训安排

实训项目	西餐英式服务
实训时间	1学时
实训目的	使学员掌握英式服务的服务技巧与操作要领，达到熟练运用英式服务进行西餐服务的目的
实训要求	要求服务员与主人配合默契，动作敏捷轻盈。服务员用右手从客人右侧上菜，用右手从客人右侧提供饮料服务
实训方法	教师讲解动作要领，进行示范，然后学员分组练习，教师进行指导

二、实训准备

西餐餐桌、西餐餐具、菜单、面包篮、面包夹、汤盘、咖啡杯、收银夹。

三、实训操作流程

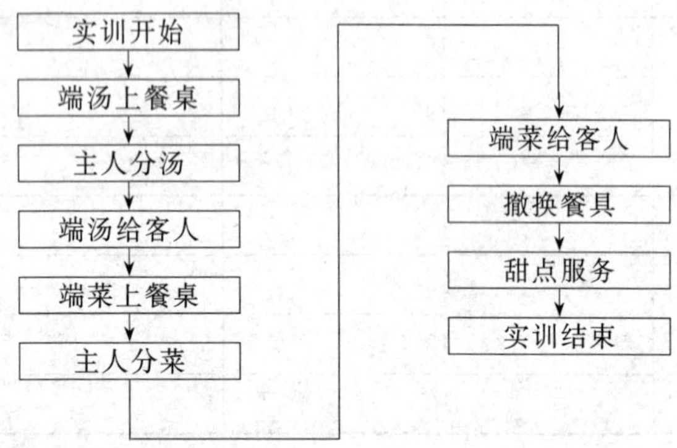

四、实训操作规范

步骤	主要操作内容
端汤上餐桌	服务员将热汤盘端送到主人面前
主人分汤	主人将客人汤碗装满
端汤给客人	服务员将主人分好的汤，根据主人的吩咐，端给每一位客人。通常将第一碗汤递给女主人
端菜上餐桌	食品和配菜都被盛在方盘或大碗中送到餐桌上。进餐过程中大方盘内的食品不够时，可将剩菜盘撤下并换上盛满食品的另一个盘子，或直接拿大方盘去添满食品然后再送到餐桌上
主人分菜	由男主人从大方盘中把菜肴分到客人的餐盘里，然后递给站在主人左边的服务员
端菜给客人	服务员再端送给女主人、声望高的客人及其他客人
撤换餐具	清理盘碗是从客人左边开始
甜点服务	由女主人分好，服务员装饰后再递给客人

五、服务要点

服务要点	规范动作	原因
服务的位置	英式服务总是从右边开始，清理盘碗从左边开始	服务习惯
上菜中酱汁服务	菜式中所拌的酱汁不能和食物一起放在分餐碟内。服务时应将酱汁盅内的酱汁，用酱汁勺慢慢地淋在食物上	酱汁要应该分开服务
上菜中大件食物的服务	用两把刀，通常是鱼刀代替服务叉勺作为分菜工具，用鱼刀挑起食物，分派到客人餐碟上，然后轻轻抽出鱼刀 使用鱼刀时，同样需要一对分餐叉勺来分派蔬菜与配料	便于分菜操作

六、服务过程中容易出现的问题及解决途径

易出现的问题	解　决　途　径
主人分菜分汤后，服务员把分好的菜端送给其他客人时，端送的顺序容易出错	（1）加强对服务程序的理解和熟悉 （2）加强对员工服务技能的培训 （3）基层管理人员加强现场的督导
上菜中酱汁服务时，直接把酱汁从酱汁盅中倒在食物上	
女主人分好甜点后，服务员没有经过装饰，直接分给客人	

七、考核测试

西餐英式服务实训考评表

组别：＿＿＿＿＿　姓名：＿＿＿＿＿　得分：＿＿＿＿＿

项　　目	分　　数	扣　　分
端汤上餐桌	15	
主人分汤	5	
送汤给客人	15	
端菜上餐桌	15	
主人分菜	5	
送菜给客人	15	
撤换餐具	10	
甜点服务	10	
总体印象	10	

考核时间：　　　年　　月　　日　　　　　　考评师（签名）：＿＿＿＿＿

八、讨论题

1. 英式服务有哪些优缺点？
2. 英式服务主要有哪些服务环节？
3. 英式服务上菜中酱汁服务如何进行？
4. 英式服务中，服务员如何与主人配合，做好服务工作？
5. 英式服务分汤如何进行？

第二节　西餐宴会服务实训

实训项目三十四：西餐冷餐会服务

冷餐会并非以进餐为主要目的，通常适用于招待会、新闻发布会等。冷餐会菜肴以格调高雅、风味独特的冷菜、饮料、低度酒为主，有时也备有一定数量的热菜。冷餐会与自助餐的形式基本相同，菜肴、饮料集中放在大餐桌上，宾主根据个人需要，自己取餐具后选取食

物。宾主可多次取食，可以自由走动，任意选择座位，也可站着与别人边谈边用餐。冷餐会可只设少量小桌、椅子让需要者就座。

一、实训安排

实训项目	西餐冷餐会服务
实训时间	1学时
实训目的	通过冷餐会的操作技能训练，使学员了解冷餐会的服务形式与特点，掌握冷餐会的服务程序与操作标准，达到熟练地进行冷餐会的训练服务的要求
实训要求	掌握冷餐会的服务程序与特点，能在工作中熟练运用所学的技能
实训方法	教师进行讲解，然后在教师的指导下进行冷餐会的组织与服务

二、实训准备

餐台若干张，西餐餐具若干套。

三、实训操作流程

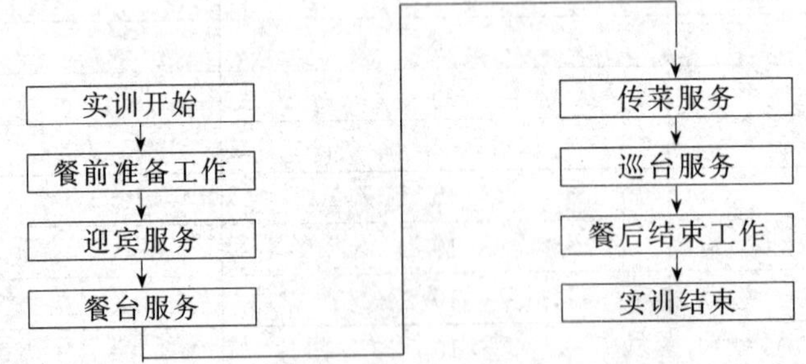

四、实训操作规范

步骤	主要操作内容
餐前准备工作	(1) 了解客人要求：根据冷餐会通知，了解出席客人的国籍、人数、用餐标准、举行时间、有何禁忌，然后设计好台样 (2) 现场布置：根据要求和台样，布置菜台等，会场布置花草盆景 (3) 餐具准备：根据指定供应的酒水品种，备齐备足餐具与玻璃器皿 (4) 餐台布置：一般200人以下的冷餐会，需要安放一只中心菜台（约由10～12只方桌拼成），一只点心台，一只水果台，一只酒水台。各种餐台包括主宾台都要用台裙围边，台裙要清洁烫平，别针针尖不能外露，台裙要遮住台脚，台子正中要放鲜花花篮 (5) 餐具摆放：餐盘放在中心菜台中间，餐刀在右，餐叉在左，也可适当放些筷子套。餐盘和餐具，上用餐巾覆盖，餐盘数和餐具应略多于预定客人数。水果台铺放水果刀。点心台铺放骨盆和点心叉 (6) 摆放食品与其他用品：造型菜、主菜放中央，其他菜肴一色两盆，对称摆放，做到荤素、色彩搭配均匀。放盐、胡椒，牙签，餐巾纸等
迎宾服务	服务员在入口处迎宾，主办单位应列队主持迎宾。客人来时，问好、引领
餐台服务	客人取食品时，服务人员要主动送碟、盘，帮助客人取食品和分送食品，热情为客人介绍菜点 注意菜食的数量，不足时，要及时补充，但要注意节约，随时保持食品装饰的形态美观、整洁 为客人切割大块烤肉或现场烹制

续表

步 骤	主 要 操 作 内 容
传菜服务	专人察看客人进餐情况，添加菜肴，整理菜盆和取菜餐具，当大餐盘内食品用到一半时，即应添满 做好餐厅与厨房的联络协调工作
巡台服务	服务员要勤巡视，多观察，主动为客人服务。服务员要及时收拾脏杯脏盘，并随时保持餐台和餐桌的整洁卫生 当烟灰缸烟头超过两个时要及时撤换
餐后结束工作	客人用餐结束后，服务员要向客人道谢，主动与客人道别，送客 清点酒水，核实人数，汇总账单 清理餐台

五、服务要点

服务要点	规 范 动 作	原 因
主人酒水服务	主人致辞祝酒时，要专门安排一名服务员为其倒酒，其他服务人员则分散在客人之间为客人倒酒，动作要迅速敏捷，保证每位客人有酒或饮品在手 如主人去各处轮流敬酒，应专人用托盘拿好酒瓶，随行斟酒	尊重主人
及时整理餐台	及时整理食品陈列台，保持台面清洁卫生，及时补充陈列食品，保持餐台食品丰盛、整洁、美观	避免客人因菜点不丰盛或因取不到菜点而产生不满
服务员巡台中不能打扰客人	巡视过程中不得从正在交谈的客人中间穿过，更不能打断或打扰客人的交谈，若客人互相祝酒，要主动上前等待斟酒	尊重客人，不打扰客人

六、服务过程中容易出现的问题及解决途径

易出现的问题	解 决 途 径
主人在致辞时候，服务员在走动	(1) 加强服务员服务礼节意识教育 (2) 加强服务员操作细节的训练 (3) 加强领班、主管加强现场督导 (4) 加强领班主管的现场协调
餐台食品摆放随意，不美观，餐台上主菜没有突出，菜肴色彩搭配不均匀	
与厨房联系不及时，餐台上菜肴得不到及时补充	
餐桌上客人用过的餐具没有及时收走	

七、考核测试

西餐冷餐会服务实训考评表

组别：＿＿＿＿＿ 姓名：＿＿＿＿＿ 得分：＿＿＿＿＿

项 目	分 数	扣 分
餐前准备工作	15	
迎宾服务	15	
餐台服务	15	
传菜服务	15	

续表

项　目	分　数	扣　分
巡台服务	15	
餐后结束工作	15	
总体印象	10	

考核时间：　　　年　　月　　日　　　　考评师（签名）：________

八、讨论题

1. 冷餐会有什么特点？
2. 冷餐会餐台如何布置，餐具如何摆放？
3. 如何针对主人进行酒水服务？
4. 客人就餐中，服务员主要做哪些工作？
5. 冷餐会餐后结束工作内容主要有哪些？

实训项目三十五：鸡尾酒会服务

鸡尾酒会亦称酒会。一般酒的品种较多，并配以各种果汁，还备有小吃，如三明治、面包、小鱼肠等。酒水饮料有的备置在餐桌上，但大多数是由服务员拿着轮流为客人斟倒的。鸡尾酒会一般不拘形式，客人可以迟到早退，席间常由主人主宾即席致辞。鸡尾酒会一般不摆台不设座，只在边上为年老者或愿落座者设少量桌椅，桌上摆口纸、花瓶和烟缸等。在酒会大厅摆设一到几个类似自助餐的餐台，陈列小吃、菜肴。

与冷餐会相比，鸡尾酒会要显得简单随便得多了，不必十分讲究背景环境和气氛，更不拘于礼节，酒会中食品提供的量相对来讲也少得多。

一、实训安排

实训项目	鸡尾酒服务实训
实训时间	1学时
实训目的	使员工掌握鸡尾酒会服务的基本程序与服务技巧
实训要求	要求员工熟悉鸡尾酒会服务程序，互相配合，能在服务中熟练运用所学技能，完成实训工作
实训方法	教师进行讲解，然后在教师的指导下进行鸡尾酒会的组织与服务

二、实训准备

托盘、餐盘、餐刀、餐叉、汤匙、勺、各种酒杯、餐台。

三、实训操作流程

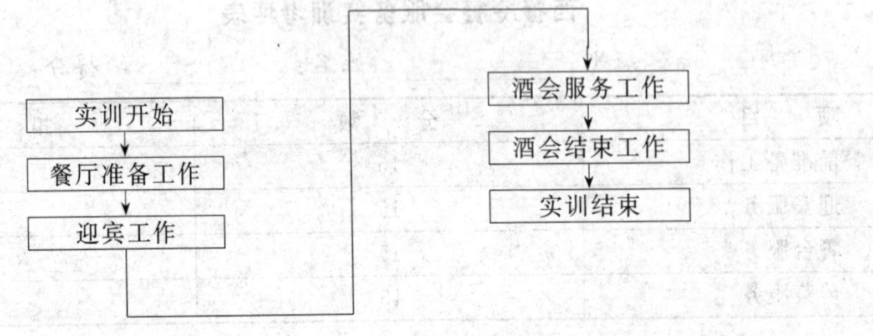

四、实训操作规范

步　骤	主　要　操　作　内　容
餐厅准备工作	厅堂布置：与主办单位要求、酒会等级规格相适应，厅堂酒台、餐台、主宾席区或主台摆放整齐，整体布局协调。大型酒会，根据主办单位要求设签到台、演说台、麦克风、摄影机，位置摆放合理。整个厅堂环境气氛轻松活泼，能体现酒会特色与等级规格 台面布置：设计台形，铺好食品台。安排小桌，铺好酒会桌。摆设酒台，铺好台面。酒会开始前45分钟一切准备工作完成，如设有烛台，在开始前15分钟点燃 食品酒水摆放：酒会开始前领班组织服务员摆上酒水、饮料、小吃
迎宾工作	客人来到餐厅门口，领班员要着装整洁，仪表端正，面带微笑，配合主办单位迎接，问候客人，表示欢迎，对主宾或主宾席区的客人特别照顾
酒会服务工作	客人进入酒会场所后，即开始派酒和小吃，并对客人说："欢迎您，请！" 酒会开始，服务员分区负责，为客人递送鸡尾酒、饮料、点心、小吃要迅速准确，服务规范。一面派酒，一面将空杯及时收拾。托盘穿梭时要照顾前后左右，防止碰翻 主人讲话或祝酒，服务员主动配合，保证酒水供应 酒会期间如有舞会或文娱节目，应事先同主办单位协调，安排细节具体。适时调整桌面，保证舞会或文娱节目演出顺利进行
酒会结束工作	酒会结束，应列队送客，及时为客人取拿衣物，欢迎客人再次光临 客散后，快速清台收碗，撤除临时性设备，仔细检查各处有否客人遗忘的东西，若有应及时向领导报告。收台结束工作同宴会收台服务流程

五、服务要点

服务要点	规　范　动　作	原　因
鸡尾酒水调制	酒会指定的几种鸡尾酒的调制方法和顺序必须严格执行，现场调制。为保证鸡尾酒的质量，如主要成分是加冰块，则用搅拌棒搅拌6～7次即可；如加用果汁或糖的，则用摇筒摇7～8次即可；如加用奶油、蛋黄、蛋清等的，则需用摇筒摇3～4次。另外，调制顺序不可颠倒	保证所提供的鸡尾酒的质量
主人致辞时酒水服务	主人致辞时，服务员停止派酒和小吃，等致辞将结束，听候指挥再派酒以便宾主干杯	对主人的尊重
酒会现场对客服务	酒会中服务员应勤巡视，勤清理，勤派酒和小吃。服务过程中，客人如自动取酒、走动交谈，应留心观察客人，主动及时提供服务	保证对客服务的周到和现场餐台的整洁

六、服务过程中容易出现的问题及解决途径

易出现的问题	解　决　途　径
开酒水瓶时，一下子打开很多瓶子，特别是酒会将近结束时	（1）加强服务员的服务意识教育 （2）加强服务员的服务技能的训练 （3）加大领班主管现场督导力度
酒会中，服务员三三两两相聚一起	
酒会中没有及时撤回桌上和客人手中的脏盘，收拾桌面上用过的牙签、口纸	
小吃和鸡尾酒供应不及时	

八、考核测试

鸡尾酒会服务实训考评表

组别：________ 姓名：________ 得分：________

项　　目	分　数	扣　　分
餐厅准备工作	20	
迎宾工作	20	
酒会服务工作	20	
酒会结束工作	20	
总体印象	20	

考核时间：　　　年　　月　　日　　　　　　考评师（签名）：________

八、讨论题

1. 鸡尾酒会有什么特点？
2. 鸡尾酒会主要应做哪些准备工作？
3. 服务员如何做好酒会现场的服务工作？
4. 如何做好酒会的酒水供应与服务工作？
5. 鸡尾酒会的结束工作主要有哪些方面的内容？

图书在版编目(CIP)数据

旅游饭店中西餐饮服务实训教程/汪京强、蔡加珍主编.2版—福州：福建人民出版社，2009.9(2013.7重印)

(旅游管理专业实训教程系列)

ISBN 978-7-211-05796-2

Ⅰ.旅… Ⅱ.①汪… ②蔡… Ⅲ.旅游饭店—饮食业—商业服务—高等学校：技术学校—教材 Ⅳ.F719.3

中国版本图书馆CIP数据核字(2008)第126999号

旅游管理专业实训教程系列

旅游饭店中西餐饮服务实训教程

LUYOU FANDIAN ZHONGXI CANYIN FUWU SHIXUN JIAOCHENG

主　　编： 汪京强　蔡加珍
责任编辑： 陶　璐
出版发行： 海峡出版发行集团
福建人民出版社　　**电　　话：** 0591-87533169（发行部）
网　　址： http://www.fjpph.com　　**电子邮箱：** fjpph7211@126.com
地　　址： 福州市东水路76号　　**邮政编码：** 350001
经　　销： 福建新华发行（集团）有限责任公司
印　　刷： 福建省天一屏山印务有限公司
地　　址： 福州市闽侯县永丰村　　**邮政编码：** 350101
开　　本： 787mm×1092mm　1/16　　**印　　张：** 8.5
插　　页： 2　　**字　　数：** 187千字
版　　次： 2009年9月第2版　　2013年7月第2次印刷
书　　号： ISBN 978-7-211-05796-2
定　　价： 21.00元
